U0129379

長住蘇州三十年

施 正 義 著

文 學 叢 刊

文史哲出版社印行

國家圖書館出版品預行編目資料

長住蘇州三十年 / 施正義著. -- 初版 -- 臺
北市：文史哲,108.11
　　頁；　公分（文學叢刊；414）
　　ISBN 978-986-314-494-6（平裝）

863.55　　　　　　　　　　　　108019040

文 學 叢 刊　414

長 住 蘇 州 三 十 年

著　　　者：施　　　　正　　　　義
出 版 者：文　史　哲　出　版　社
　　　　　　http://www.lapen.com.tw
　　　　　　e-mail：lapen@ms74.hinet.net
登記證字號：行政院新聞局版臺業字五三三七號
發 行 人：彭　　　　正　　　　雄
發 行 所：文　史　哲　出　版　社
印 刷 者：文　史　哲　出　版　社
　　　　臺北市羅斯福路一段七十二巷四號
　　　　郵政劃撥帳號：一六一八○一七五
　　　　電話 886-2-23511028 · 傳真 886-2-23965656

定價新臺幣四○○元

民國一○八年（2019）十一月初版

ISBN 978-986-314-494-6　　10414

長住蘇州三十年

目 次

長春路（序一）

　　在臺北能看到各國電影，小放映室裡，特別是在下午場，往往只有幾個觀眾。能老遠賣到臺灣來的電影，未必受眾人喜愛，卻常有特殊引人入勝之處。我常去的長春電影院，就在松江路與長春路的轉角處。

　　眼睛一亮，我看到一位已暌違六十年的女同學。劉荷鄰！我輕聲喚她，她沒聽見！她是我讀大學一年級時的同班同學，我們曾相約看電影多次。跟我同歲，已八十了，怎麼看來只有六十歲，再看，走路的樣子、膚色都好，臉上一派安詳。她還在上班嗎？對了，她在二年級時轉到會計系，北一女畢業的，很聰明，當了會計師吧？臺北的幾家大會計師事務所，有員工上千人，部門很多，或許她在某項業務上有深入的專業理解，故其職位別人難以替代，於是在豪華辦公室裡安坐一隅，仍支領高薪，過著愉悅的晚年。她不是一個人來的，有一位中年的美貌婦人陪著她，不像是她女兒或媳婦，我猜是她辦公室裡的一位助手。

　　劉荷鄰！我把聲量放大一些，再喚她一次，她還是沒聽見。我目送她走入另一間放映室。別來無恙，豈止無恙，還亮得很呢。

2019 年春節

高牆下（序二）

　　阿娟要去探望她生母、她被關在彰化女子監獄。阿娟要阿雄一起去，他不情願，半路上又吵起來，一到那裡，阿雄趁阿娟辦理手續，不告而別，悄悄蹓走。

　　阿娟出來時，眼睛帶點紅，還有一些淚水。她在高牆下站着，久不見阿雄出現，等呀等的，不禁放聲大哭起來，路人側目，幫不上忙。聽她在大太陽下哭得淒慘，旁邊派出所的警察們個個心慌意亂。出來一位女警察，我要阿雄來啦，

他不會來啦，你自己回去吧！

他要來啦，叫他來啦！

先到派出所休息一會，喝一口水，

那裡涼快，我們去叫他來。

阿娟安靜下來，吃一份警察送她的豐盛便當。

2019.9.10

1. 煙　花

　　西元 1599 年，明萬曆 27 年，義大利來華傳教的利瑪竇在南京過年。在一個多月的農曆春節期間，他目睹了中國人燃放大量的煙火，他說煙火設計精妙，燃燒升空後有些有如盛開的繁花，有些像鮮豔的水果，有些像戰場上的火炮，令人驚歎。四百年後的蘇州寒山寺，當鐘樓裡的高僧剛敲完 2003 年最後的 108 響半夜鐘聲，2004 年初至！從楓橋四處，大量的煙火突然竄升。如天崩地裂般震耳欲聾的五彩火焰漫天爆炸。人人昂首，目不暇接，沉醉在夢幻般的美麗境界。最後的一聲巨炮，轟然振動了每個人的心房。鋪天蓋地散開的火星，掉落在萬千觀者的頭髮及衣領之上。

　　利瑪竇還說，據他估算，南京那年春節用掉的硝石與火藥，竟比他們一場持續二、三個月的戰爭耗費的還要多。在十六世紀，葡萄牙人、西班牙人、還有荷蘭人，緊跟著就有英國人上場，互相以軍艦、大炮和火繩槍相互繞著地球拼殺，建立海外殖民地，獲取巨額的貿易利益。傳教與醫療是他們擴張地盤的次要手段，直接讓他們大有擄獲的自然就是打勝仗。縈繞他們心中的老是戰爭。

　　利瑪竇曾發行中文世界地圖及歐幾里得的《幾何原

本》中譯本，但在當年的時空環境下，這位中國傳教區會長也想着把煙火換算成殺人的武器！我倒認為，在這和平崛起的時代，煙花比武器更為屬害！寒山寺的年終敲鐘活動中，有一、二千位日本人與會，其中有相當的部分還是從日本專程搭乘包機來訪的，他們在聽過迎新送舊的鐘聲後，到近鄰的新城花園酒店吃一碗"奧灶面"然後立刻專車、專機飛回日本，在日本迎接元旦的晨曦，有人樂此不疲，持續來訪多年。這就是其中的一個理由，讓日本人在蘇州做了大量的投資。煙花與招商並行。蘇州煙火四處升空，絲綢節、旅遊節、中秋節，蘇州人氣節節升高。

2005.10.8

2. 運河行舟

　　那時候四周還是稻田，農舍點綴其間，還有幾棵劃分你、我地界的樹木。一抬頭，可見月亮。吃過飯，無TV，無報章雜誌，洗好澡，頭髮一干，便躺在床上。

　　有點冷，醒來蓋一條薄被。哦，原意如此，夜……涼……如……水，冷暖在心。

　　城外寒山寺，傍著隋煬帝開通的南北大運河。從蘇州楓橋上船，經由常州、鎮江，朝北到揚州、淮安，此地段誘惑甚多，別喝酒太多，花錢過份，進入宿遷，前面就是人馬雜遝的徐州，別往人堆裡鑽，以免受傷掛彩，之後，濟寧、聊城、德州，漸乾旱，已到滄州、天津，天子腳下了，請勿喧嘩，避免召禍。

　　寺裡夜半不敲鐘，唯一年一度，在陽曆 12 月 31 日，從晚上 11 點 45 分開始，由大和尚推撞大鐘，一百零八下，市里區裡領導站一排，與蘇州日商一同迎接下一個新年。

　　河船無鐘可敲，有人心急如焚，星夜趕路，長鳴一聲，摸黑行舟。

　　又醒來，白茫茫一大片，一抬頭，一輪明月，寂靜的照白了大地萬物。床前明月光，疑是地上霜。

2014.10.5

3. 桂　花

　　怎麼我們公司裡的桂花今年都不開，小劉說會不會
生病了？她曾看到樹上有蟲。已過中秋節 10 天，仍未
聞桂香。氣候反常？我住家水池旁的三株金桂、一株銀
桂早已開過，但迅速凋落。原來今年逢閏年，閏九月。
水池旁的那四棵桂樹靠近窪地，土壤肥沃，開二次，其
餘的都按節氣走，不是不開，只是時候未到，已秋分，
終於都綻放了，仍如往年，密密麻麻，抓幾下，便積滿
一個手掌。

　　1992 年秋天，毛家駒教授帶我在蘇州大學校區內散
步，在一處桂花樹林角落，他突然（肅容）問我，（你
可以來來去去，為什麼我們不能去？）我愣了一下，臺
灣是個小地方，如一下子湧入許多人，未便接待。蘇州
自己，不也設置一些關卡，避免外地人一下子大批蜂蛹
而至的嗎。不久，張夢白老教授第一個訪台，他一到臺
北，興高采烈的告訴我他到了。

　　在我蘇州住家及公司附近，好像櫻花樹多過桂花
樹。新區濱河路、金山路的幾個日系大工廠內，原來都
種有大棵，極壯觀的白色吉野櫻，盛開時，奪人心魄。
因馬路拓寬，多不見了。20 年前，認為水土不服的杜鵑
花現隨地可見。

　　蘇州人愛樹愛花，種類多，養得好，罕見的珍貴大樹，賣得比臺北還貴。他們也很會佈置花園。我寧願多些平整的草地，不要花團錦簇。新區鄧蔚路的大公園，已像個運動公園，小孩、小狗追逐嬉戲，是週末的好去處，那裡自然也有桂樹。

2014.9.24

4. 看山看水

　　許多年前，有一位蘇州女老師到臺灣旅遊，她在臺灣看到大海，壯觀、美麗、令人心曠神怡，她說，下次帶著孩子，再到臺灣看海。在中國大陸，在哪裡看海，上海嗎？山東的青島、煙臺如何？一大片黃海海岸，像是各類野鴨、海燕的棲息灘地。有一次我到大豐看麋鹿，主人以豐盛野味饗客，其中一道菜，以一隻大盤子盛裝水煮野鴨蛋，形態、大小不一，居然有粉紅色、綠色、藍色的，可見海鳥種類之多，在射陽的丹頂鶴避寒保護區，大鳥也常隱身在灘塗蘆葦中。廈門鼓浪嶼海水清澈。但真要一望無際，波瀾壯闊，不論清晨或黃昏，日出日落，在高雄西子灣一帶，海水連天，當風起雲湧，千變萬化的姹紫嫣紅，讓人歎為觀止。淡水的出海口則是觀看夕陽餘暉的勝地。如果你喜讀歷史，一登臨高雄的舊英國領事館或淡水的西班牙人古堡，可遙想當年西洋炮艦來犯的故事。

　　四樓的一位活潑、與人親善的白髮婦女，不久前的某一天，她亮著眼睛告訴我，她驚歎臺灣有很多（山），她剛去過花蓮、太魯閣、天祥。我看過黃山的山、九寨溝的水，巫峽以及桂林的山水，也就是印在人民幣十元券、二十元券背面的風景，各異其趣。

有一位已從公立醫院退休，現在開一家私人診所的女醫生告訴我，她正在安排一次為期一個月的自助旅行，深度暢遊臺灣，她顯然不僅僅要看山看水，她想親身體會別人的見聞，臺灣人的生活。

上個月，我們夫婦帶著放暑假的二個孫子，加入一個上海旅遊團，到山西玩了一趟。我對平遙古城、老字號的原始銀行及鏢局沒什麼感覺，對閻錫山故居、故事則大感興趣。原先以為老閻不過只是民國時期的一名軍閥而已，發覺許多山西人迄今仍崇拜他，回來後細讀一本 10 塊錢買的山寨版<閻錫山全傳>，竟對他充滿敬意，也重溫一遍抗戰前的民國史。

看山看水，我更愛身處歷史古跡，緬懷前人。雲岡石窟原來是北魏（386－534）拓跋珪及其後代皇帝的石雕群。拓跋燾統一北方（439），拓跋宏及魏氏（文明太后）遷都洛陽，促成鮮卑人大規模南移，隨即作了許多漢化的改革。不久，胡人統治下的中原成為傳統的中華文化中心，隔江而治的南朝漢人，偏多文人墨客。

前年暑假，我們去了一趟寧夏銀川，到了實際的西夏王國朝廷所在地，才大體看清了西夏（1032－1227，計196年）歷史，西夏的轄區曾廣達寧夏、甘肅全境，乃至內蒙古鄂爾多斯以及青海湖畔，人口三百多萬，而當今的漢人，以及自認為是漢人的漢人，不太提或不知黨項人（羌、回族）統治的西夏王國。有時行萬里路勝讀萬卷書，更何況，搭飛機，才2個小時便到了萬里之外了。

2013.8.28

5. 長城的故事

　　于春節與家人同游北京。這回來到居庸關，看到了長城驚人的美麗，以及它蘊涵、累積的豐厚文化。長城如巨龍般蜿蜒崇山之間，以優美的曲線伏臥山巔，而錯落有致的諸多城樓，在各個折轉處展現雄姿，姿態各異，既雄壯又靈巧。長城不只是一道長長的，攔阻或遲滯敵軍前进的粗糙土石牆。

　　居庸關位於北京西北方四、五十公里的山陵狹谷之處，是進入北京的一條重要通道。在叫做幽州的好幾百年之間，北京是北方民族殺戮、輪番佔據的地方。遼朝契丹人於 927 年遷都北京，那時居庸關是個重要驛站，是檢查行李、課徵關稅的關隘。1153 年金朝女真人也以北京（中都）為首都，居庸關更形重要。到了 1271 年，蒙古人忽必烈入主北京（大都），當了全中國的皇帝，定國號為元。忽必烈雖當了北京的大皇帝，但每年夏天要北歸蒙古多倫（上都）的皇居避暑，他大力建設居庸關，把先前的一個軍事要塞、驛站，擴建成一個城市，有行宮及其他必要的附屬建築。蒙古人不但會騎馬射箭，也會綠化環境，忽必烈嚴令不准在居庸關、八達嶺之間放牧，盜伐樹木，在近一百年後的明初，沿線已是古木參天，光是高大的黃花松就有數百萬棵之多。長城被譽為"花木長城"，滿眼松、柏、榆、楓以及桃子、杏子、柿子等繁多的樹木，美不勝收。

元朝的最後一位蒙古人皇帝名叫"妥歡帖木耳"，封號為"惠帝"。他在朱元璋的手下大將徐達、常遇春派兵來攻時，棄北京城逃回蒙古。朱元璋譏笑他"知順天命，退避而去"把封號改為"順帝"。可是這位怯戰的元朝蒙古末代皇帝，卻在 1342 年，在居庸關建造了一座雲台石閣，是一座舉世罕見的文化珍寶，在宗教、歷史、建築、雕刻、語言文學方面都大放異彩。成吉思可汗及其散居各地的子弟們都篤信各種宗教。入主中國的忽必烈，是藏傳佛教虔誠信徒，"妥歡帖木耳"為了讓過往居庸關的各族人眾"皈依佛法、戒惡向善"以六種文字，即古印度文、古西藏文、八思巴文（蒙古文）、維吾爾文、西夏文和漢文，在雲台石閣下刻寫佛教的《陀羅尼經咒》和《建塔功德記》。文字之外，在漢白玉大石條砌成的閣台內，尚有生動、精美的佛教四大天王巨大浮雕，襯以多達六十多種動物、植物、日月水火等天然物、衣帽、鞋等佩件及飾物以及幾何圖形等，令人驚歎讚賞不已。

雖說蒙古人避戰，於1368 年離開北京回蒙古老家，但蒙古軍隊仍不時會來闖關探視，於是朱元璋、朱棣便大規模加強並修建新的長城。今天我們所參觀的居庸關及八達嶺長城，皆是明朝建築。他們基本上只有軍事目的。但為了調劑駐軍精神生活需要，則建造了玉皇廟、城隍廟等世俗的眾多廟祠。又隔近三百年，女真人，其實是科爾沁系為主的蒙古人，率領其他複雜混血的北方人種又入主北京。

　　1644 年李自成通過居庸關進入北京，崇禎皇帝朱由檢在煤山自縊身亡。1937 年 7 月 7 日盧溝橋事變爆發，日軍全面侵入中國，同年 8 月初，當時的中央軍在八達嶺、居庸關一帶佈防，於 8 月 7 日"南口大戰"正式開打。湯恩伯、羅方、隆桂鈴等中國將士雖未能攔阻成功，但已使日軍行動遲滯，死傷慘重，並重創了日軍的氣焰！於今長城是個令人回味歷史故事的必遊之地。

2007.3.1

6. 粽　子

屈原悲憤，
憤而投河，
祝端午節快樂。

今天我會遇見一個從莫斯科回來的年輕人，他先到徐州領取畢業證書，回到鹽城見他父親和親人，再跑到蘇州，見他不曾見過的繼母和她的家人，行旅匆促、沉重。

他隨他父親乘電梯上來，電梯門開，一條小狗怒吠，撲向他，他伸出手，彎下腰，輕拍輕撫。很快的牠接受了這個闖入者。我是他繼母的父親。歡迎到來。

我從不過生日。但端午節正是我生日，家人在家聚餐，切一塊蛋糕。我跟我妻子說，老天爺竟給了我們一個大孫子！別人家添孫子，是添小嬰兒，怎麼，我們多了一個已成材的大孩子！他 22 歲剛大學畢業，即將重返莫斯科讀碩士班。他的行囊中帶著幾個鹽城粽子，居然還有兩瓶給我的俄羅斯葡萄酒，獲贈一瓶上個世紀末葉釀製的珍藏蘇格蘭威士忌。今年的端午節有些不同。

2012.6.23 于蘇州

7. 清明時節

　　清明時節回到臺灣。臺北的溫度已比蘇州高約攝氏10度，但感覺一樣的冷，許多人仍身穿羽絨外套。臺北的杜鵑正在大安公園及臺灣大學等處開花，蘇州只遲一點，也已稀疏綻放。當年我想在長方園種植杜鵑花圍，兼做圍籬，對面科技大學建築系的夏教授說，它長得慢，也長不好，不適合，如今在名城花苑怒放的杜鵑，會比臺北的遜色嗎？

　　蘇州市郊的桂花，一棵小樹種下去，沒幾年間便成大樹，樹型如傘，帶藍的繁密樹葉，不沾塵土，常年潔淨如碧玉，一入秋，金桂、銀桂，芳香的花朵，累累成串，不但披戴全樹，也因風雨撒落一地。也叫秋桂的桂花，怎麼在這清明時分，在臺灣斑斕開花！枝葉稀疏，花朵也零散，有的矮小，僅及膝，但也有高過人身的，如栽植成林，雖不青春，反帶來一片秋情畫意。對了，蘇州大學老院落裡的桂花也就是這種啊。

　　高新區華碩／名碩公司門前大路，工業園區現代大道前段，在分隔島上種植著高大茂盛的一長排雪松。還有新區何山路向南路旁的長方園內，矗立著 11 棵雪松，每一棵高、低不同，枝葉各具特色，最高的那一棵，已高過三層樓房，但樹齡才 20 歲而已，蘇州土壤肥沃，氣候適宜，各種樹木花卉都長得快。有一位著名的經濟學者說，（城市化）其實應是人才的匯合集中的過程；還有人說，城市化是文明化的另一種說法。先有樹，才有人，但人也帶來新樹。

桂花（一）2017.3.24

8. 四月四日清明節

　　一年 365 天，實際還有尾數 0.2422 天，約 5.8 個小時，所以每四年就多一天，於是就多出 2 月 29 日這麼一天。一般清明節多在四月五日，今年（2017 年，民國 106 年，丁酉年）則在四月四日。

　　清明時節是家人家族會面的日子，先約好會面的，或者，在寄存先父母或先祖父母骨灰罈的佛寺裡不期而遇。算是幼時往來最頻密的親戚，我姨媽的兩個女兒，她們在霧峰靈山寺誦經，唸給她們的母親，以及姨媽也就是我的母親聽，姊妹倆要唸好幾篇大經，她們加快速度，有節奏的，清聲誦詠，她們一口氣一唸一個多小時，無須翻書，她們有超強記憶力。

　　難怪姨媽的子女們都會讀書。那時候，女孩子們多半不想讀大學，她們讀台中師範學校，不到 20 歲便當小學老師。她們聰明，活潑、也長得漂亮，但一生頗多苦難。20 年前，她家裡有一個女兒車禍，昏迷，該醒而不醒來，聽說，杭州慶餘堂老藥鋪賣一種藥，會有效，輾轉央我買一些，我趕緊買到那種（高貴靈藥），坦白說，我心裡不相信它，但盼望有萬分之一的機會，很快就寄出去了，但久無回音，料想沒有發生奇蹟。

　　她家另一個男孩子，台大電機系畢業，先當兵、再出國，因考試成績特優，被安排在海軍總部當巡迴教官，快退伍了，他已獲得一所美國頂尖名校的獎學金，不料，不知怎的，他的精神狀況出了問題，軍方醫院束手無策，軍方怕出事，派人護送他回家休養，跟母親、祖母見了面，好像也沒多大的事，就隨他自由行動。她們忙，一貫的忙，是窮忙族，幾天後突然想起來，那個會唸書的兒子、孫子已有幾天未見蹤跡，大家分頭尋找，很快的找到一具已冰冷的屍體，他睡在一處佛堂內偏僻處的小房間內，他祖母偶而在佛堂內過夜時睡覺的地方，也曾是他幼時跟同伴捉迷藏的隱密場所，他飲藥自盡，看來姿態安詳，沒有掙扎的樣子。天啊！

清明（二）2017.3.26

9. 糗　事

　　許多親人親戚已不在人世，或失卻聯繫，但若干往事仍鮮明記憶。我那位姨媽中年喪偶，脾氣本來就不太好，成寡婦後就更加（怪）了！我母親老念著她姊姊，如果家裡有什麼好吃的東西，一定會分一份給她，而我就是送貨員，我經常在姨媽家出入，也逗留。

　　表姊開始當老師，追求者可不少，鄰縣縣長的兒子看上了她。表姊本人不討厭他，但對方家長跟我姨媽不對頭，試了又試，雙方根本無法談論婚事，縣長乾脆請來一位能說善道的媒婆，有一天，提了一個竹籃子，內置糕點、檳榔，還有多件比較值錢的物品，不由分說的，要（暗盯）我表姊。那一位精細打扮過的中年婆娘，她一看到神情冷峻的姨媽，什麼話也說不出口，丟下籃子，一走了之！我姨媽隨即下令，派我原件退貨！送回縣長公館。

　　那時候我讀高中，很凶的樣子，而身上的卡其布制服，繡有（台中一中）字樣，於是另添一股威風，縣長的兒子也考不進台中一中呀！貨送到家，縣長、縣長夫人、還有別人，早一步聽到風聲，已坐在那裡等我，或許他們改變戰術，想討好我。我放下籃子，朗聲宣佈，（我阿姨叫我退還這只籃子），不等他們說話，轉頭就走。

　　表哥曾在一家大皮鞋店當店員，他長得俊秀，嘴巴甜，特別吸引女顧客，年輕女生只要一上門，十之八九，會提著鞋子離開。坦白說，我不清楚是怎麼一回事，只知法院傳訊我表哥到案，抗傳即拘。那一天，我姨媽帶他上法院，也通知我一起去，任務是（看住他）。我表哥雖長得秀氣，但力氣極大，表兄弟要真打起架來，我根本打不過他。

　　表哥乖乖的跟我們抵達法院，待了一會兒，突然轉身竄逃，引起了一陣騷動，也有法警衝出來，但他不算（逃犯），他們不追，只有我一路狂跑，一面喊他，鞋子脫落，腳上像扎到什麼，出血，距離越拉越遠，有熱心的路人騎腳踏車往回衝刺，告訴我他跑進前左側的窄巷，……爬進一間頹圮的舊房子……我很生氣，也感覺沮喪，兩個鐘頭後我回到姨媽家，不料，她一臉恬然，看到我一身的狼狽模樣，沒一句安慰我的話。

清明（三）2017.3.27

10. 家有秀才

　　我自己也有三位親姊妹讀師範學校。那時候，在 60 年前，年輕女老師很受青睞，爭著要娶她們為妻、為媳的人很多。我姊夫台大畢業，之後赴美留學，有博士學位。他們家的大女兒，也就是我甥女，讀北一女、台大，夫婿成功大學畢業，台大碩士，結婚後他們一起赴美，他很快獲得美國麻省理工學院（MIT）的機械博士學位。

　　又過 20 年餘年，他們家的孩子，一男一女，都讀 MIT，接著，那個男孩娶了一位來自浙江的 MIT 同學，女孩子則嫁給 MIT 的男同學，那個孫女婿最會讀書，他已是現今美國出名的年輕數學家，史丹佛大學的正教授，他們一家中六個人當中，就有五位 MIT 的校友。那一所全球數一數二的著名大學，對他們來說，只不過是一所離住家不遠處的一家古老大學而已。

　　我 18 歲從台中到臺北上大學，曾在我大姊家暫住一年，曾帶給他們不少麻煩。從去年秋冬季開始，我大姊身體不適，經常出入臺北兩家大醫院，有時住院兩、三天，也曾經一住一、兩個月，她有幾位教授級的名醫悉心診治，看她病得氣若游絲，老要輸血，我很難過，但說不出話。這回回臺北，看到她已恢復常態，冷靜、清楚。我姊夫說，他要活到一百歲，頗為信心的樣子！我盼我大姊也長壽，再隔十年，他們家的第四代，也可能要讀麻省理工學院了。

清明（四）2017.3.28

11. 枇杷‧紅茶

　　父母親的骨灰罈放在台中霧峰的靈山寺，拈過香，再繼續向東走山路，30 分鐘後抵達頭汴坑盡頭的清涼寺，祖父母長眠之地。頭汴坑一帶生產的橢圓形黃橙枇杷，又香又甜，80 年前由一位日本農業技師培育成功的。以前清明節來此掃墓，常見路邊有賣枇杷的攤位，先試吃，再選購，今年沒了，農家已先裝入紙盒，一箱 3 台斤，1.8 公斤，價約台幣 500 元，合約人民幣一市斤 38 元。蘇州的黃綠色渾圓小枇杷也很好吃，此際仍長在樹上，還沒長熟。

　　繼續走山路，不久來到埔里，也就是高山湖泊日月潭所在地。臺灣的高山茶似乎在走下坡，而魚池鄉的紅茶則精益求精，已至令人迷戀的程度。已在當地存活數十萬年的原生種、移入的阿薩姆品種、雜交成功的台茶 18 號紅玉、21 號紅韻，各有特色，任君選擇。年輕的茶農第二代或第三代，他們頗有研究心，一心想在比茶大賽中求勝，於是大放異彩，2016 年份的日月潭紅茶，產量少，但品質不凡！

　　去年清明節，我跟我妻子、兒子曾一道到過臺灣北部西海岸的金寶山公園墳地，面對臺灣海峽，風光明媚，一塊約 20 平米的山坡地，可買臺北近郊一套平常公寓。我妻子說她寧住公寓，不要別墅。臺灣台東排灣族原住民，村民會在清明節一起出動，把轄區內的所有墳墓，不論是誰家的，一律打掃清理一番，因為（你的祖先也就是我的祖先），蘭嶼達悟族人則從不為先祖掃墓，一了百了。

清明（五）2017.3.31

12. 不是情人

　　臺北市信義路鼎泰豐小籠包本舖附近，有家叫（南京板鴨）的熟食店，臺灣人不太喜歡板鴨，他們售賣其他燻烤或長時熬滾，帶著濃郁香氣的各種即食食物，老主顧很多。羅斯福路的南門市場有花色繁多，江浙口味，費時烹煮的高價美食，包括臺式經典名菜（佛跳牆），每逢年節，富裕人家的太太們，到此採買食物。東門市場原有一家金華火腿專賣店，翻譯莎士比亞詩歌的梁實秋經常光臨，但大火腿早被臺式香腸取代，那家店早已沒了。板鴨店多撐了幾年，於 2018 年停業。

　　跟老伴在那一帶散步，東張西望，在新生南路看到一家新來的餐館，店家門口擺設一隻紅木高凳，透明罩子裡有倆隻精美糕點，我仔細看，烤的，甜的，鹹的？很好吃的樣子，想帶倆個回家吃。

　　老闆娘推門出來，請我們裡面看。新裝潢的時尚廳堂，當中一座講究的透明餐櫃，擺滿十餘種精製點心，誘人食欲。她說她們剛自博愛路搬來，是一家幾十年的老店。

　　你們就住在附近吧，

　　搬來當你們鄰居。

　　老闆娘的女兒也過來一起招呼，帶著天真的笑容。

老闆娘用手指裡面，說他們也提供情人雅座，可以喝下午茶，是個聊天的好地方。我手指我老伴，她是我愛人，不是情人，我們是要買回家吃，搞不好還一邊吃一邊拌嘴。她一聽，跑到我太太身邊，低聲說；

他說你是他愛人！

真有七十多歲嗎？

怎只有五十多歲的樣子，你皮膚真好！

我結婚已四十餘年的太太，一高興，不覺多買了些。價錢很貴，但此店免費附贈（迷魂湯）一碗，值得。

2013.5.21

13. 你去哪裡

　　我母親于上個月在高雄去世，享年九十四歲，沒病，是在家裡逐漸凋零謝世的。她死後面貌十分安詳，無牽無掛的走了。她在深夜辭世，凌晨二時，她以"念力"拔通了我在蘇州住家的電話，訊息微弱，別人都聽不到電話鈴響，她告訴我她要走了，say goodbye。在火葬場，這一家的送別隊伍最長，最有紀律，她子孫眾多，事業有成。我們沒發訃聞，不登報，只有近親與聞其事。正如她生前所希望的，安安靜靜的走了。

　　母親離別後，我回臺灣的次數將更少了。連結我與臺灣之間的紐帶又斷了一根。我母親的骨灰安置在台中的靈山寺。我跟我太太談話，我們死後將把骨灰放在何處，台中、臺北抑或蘇州？放在靈骨塔內，或找一塊墓地，立一方石碑？或者就把骨灰撒落在子女住家院子裡，當做花草的肥料。我心裡希望有一塊石碑，可供往後幾十年間子孫偶而尋跡前來。再隔幾十年，我的墓碑可能被磨平，重新成了別人的墓碑，或踏腳石，或建築用的碎石，我可不在意。寫篇短文紀念家母，祝她在西方世界快樂。

2006.7

14. 家　事

　　想不到，相隔 15 年，當年的嬰幼兒，現在北京讀大學的高大青少年，竟與我們夫婦，不約而同的，同時回到我們臺北市臨沂街的老家，我們三人安靜相聚幾天，話不多，心中愉悅。他在等兵役簽證，我要他在家讀幾天書，溫習他被當的大一高等數學，他讀中央財經大學投資學系，他自己說的，怎麼好像在讀數學系？

　　阿翔讀蘇州實驗中學，初中高中都是，僅在高三那一年，轉學到靠近上海虹橋機場的華東台商子女學校。他的學業成績一下子落後，甚至於吊車尾，一下子又福至心靈，大步跳躍前進，名列前茅，劇烈起伏！我兒子讀臺北建國中學時，成績穩定，在升大學的模擬考試中，幾次都得極高的分數，但在最後的一關成績平平，未能考入臺灣大學，那一所中學一年有近 200 人可讀台大，但他無緣無福，他受挫傷心，我表面如常，內心也受侵蝕。

　　又隔 20 天，逢中國十一國慶長假，阿翔從北京回蘇州住家度假。一而再，再而三的丟手錶，打完籃球，急著回宿舍洗澡，阿媽買給他的外國漂亮外套多扔在球場，幾乎都丟光。這一回，他丟了學生證，沒能坐上高鐵，多花 1200 元再買一張車票，又買錯了，是從南京直接到上海，不靠停蘇州的班次，於是只好在南京下車，另外再買一張從南京到蘇州的車票。

與他結伴一起到北京火車站，要同車來我們家住四天的李同學，已早三個鐘頭到了我家。小李也高大，體重顯然多出七、八公斤。什麼，阿翔未滿十八歲讀大二，但他又小一歲！原來他從小五直升初一，資優學童。他家在四川成都，不讀西南財經大學、上海財經大學，堅持要讀北京的中央財經大學，中央財經部門的所在地。他將留美，要讀美國著名大學的博士學位，然後再回到北京上班，晉身中央財經圈，盼他有志者事竟成。按他的計畫，這一個長假便在江蘇省內活動，先跑到經濟繁榮的蘇州看看，再到南京，住到我家又可多瞭解一些臺灣事務。他一進門，便親熱的叫我阿公，叫我老伴阿媽，我們也當他是自己的孫子，引以為榮。10 月 1 日，國慶長假的第一天，周圍靜悄悄的，且說說些自己的家事。

2015.10.1

15. 姊　妹

　　姊姊想在燕城開一家KTV，錢不夠，問妹妹要不要投資一些，妹妹給了 20 萬元。最近，妹妹向姊姊追討20 萬元，顧太太一聽，大驚失色！她說先前完全不知道此事，沒來得及攔阻。她看到姊妹翻臉，心痛不已，輾轉難眠，欲哭無淚。

　　妹妹考入蘇州大學，正是蘇北人最想讀的名校之一，一畢業，便進入明基公司工作，女婿南京航天航空大學畢業，也是蘇北人，也進明基，倆人年紀相仿，看起來很登對，自由戀愛，他們結婚時沒有請鄉下（樂隊）敲鑼打鼓，鞭炮亂射，自然也沒備辦特別的（彩禮）。但倆人合力，省吃節用，才過幾年就在蘇州，離明基公司不遠之處，買了一座體面的住宅，七、八年後，升任主管，收入調升，於是又買了一座稍遠一點的別墅型住宅，代步的小車子則早就有了。

　　顧太太多半住在蘇州，不是來投靠小女兒，是女兒、女婿央她來的，請她照顧小男孩，也做家事。幾年前顧先生患了一場急病，怎麼說走就走，突然撒手人寰。顧太太身體硬朗，為人熱心，朋友多，不會閒得發慌，她還有自己的房子，退休金一個月 2500 元，用不完！大女兒及女婿工作不順，夫妻倆在一起做生意，幾次都不成功，反留下一些債務，但大女兒的女兒也上了燕城中學的前段班，人乖巧，惹人愛憐，顧太太寧願長住燕城。

　　小女兒及女婿誓言會孝順她，讓她享福，我享什麼福？施太太你才享福呢，光說旅遊吧，你們一家人，一年在國外、國內旅遊多次。他們不窮，但拼命存錢，幹嚛呢！要不然，怎能房子一間又一間的買！如果是投資，生意失敗，有去無回。但有人想的不一樣，賺了錢要分紅，賠了，就要把投資解釋成（借貸）。行嗎。

2017.2.23

16. 家裡的貓狗

　　家裡飼養的貓多半是不請自來的。許多年前，在臺北的一家畫廊裡，有一位女畫家告訴我，她曾一個人到莫斯科居住二個月，當她搬入租來的房子時，有一隻貓蹲在門旁打量她，並喵喵的低叫，她讓它進入。她跟那隻貓相依相偎了幾十天。要離開莫斯科，她在幾天前開始整理行李，那只貓預知她將離去，那幾天中格外的溫順，也楚楚可憐。

　　我住臺北永和的時候，也有一隻鼻子上有塊黑斑的花貓不請自來，我們叫它"黑點"。黑點按時在我家吃飯，但多半不在我家留宿。我們家住二樓，後面的陽臺外有鋼架雨棚，貓群從那裡出入我家，貓是躡手躡腳的捕獵高手，走路不聲不響，但走過那片大雨棚，會發出聲音。黑點很快的生下一窩小貓，二、三月後又是一窩，一窩通常四隻。它很快的就成了祖母，自從來到我家，繁殖了二十多隻貓。最後一次生小貓，仍是四隻，不知是奶水不足，還是它煩膩了撫育之苦，黑點竟把四隻中最弱小的兩隻自己咬死吞下肚子，只留下頭部沒吃。

　　小貓斷奶後公貓便須離家自立，留在黑點身旁的女兒和孫女，有六、七隻之多。晚飯時分，我太太準備好一盆貓食，敲打鐵盆，通知吃飯，那群貓便跳上鋼棚，狂奔而來，所發出的巨大聲響，很驚人，常惹來鄰居的抱怨。雖說群貓共食一大盆飯，但並不爭食打架，而是按照尊、卑順序吃飯，還沒輪到的，乖乖在一旁耐心等候。有一次我們要到台中旅行，我太太替貓群作好三盆三天份的伙食，沒想到它們一下子趁新鮮統統吃完。貓與獅子習性相近。

有天半夜，黑點跑到前面陽臺，對著我的房間大聲喵叫，很焦急的樣子。我只好起床探視，我依著它的指引，來到偏僻骯髒的後巷小溝，原來它的一隻小貓掉落水溝裡，已奄奄一息。還有一次，黑點的一個孫女，突然極度焦躁，好像面臨災難。我先細心觀看一會兒，便去拿出一隻新的紙箱，還有一件沒沾染任何小貓氣味的衣服，墊在箱底，把那隻小瘋貓，還有一隻一直在它身邊打轉，最疼它的阿姨也塞進紙箱，充當特別看護，然後緊閉紙箱，移置角落。這二隻貓被禁閉在"加護病房"後很快的安靜下來。一個鐘頭後，我一打開紙箱，二隻小貓飛身竄出，箱子裡有二隻流產出來的胎兒。我還充當貓醫生哪。

前幾天，我聽見我家保姆在洗澡間裡大聲講話，我還以為她在跟人講電話，後來才知道她一面幫小狗洗澡，一面對小狗講了許多話。她是個大嗓門，不會輕聲細語，因為音量大，聽起來像在罵人，但聽"音調"，則在訴說著什麼故事。二天後她藉口要回河南老家照顧病倒的父親，辭職。而就在辭職前的二天，她把她在我家工作二年來的香甜苦辣一股腦全對著這隻小狗說出

來。以跟人類的互動來說，狗遠比貓行。家狗能明顯回
應飼主的喜、怒、哀、樂。隨著經濟的繁榮，蘇州養狗
的人俱增，養狗的多半是那些居於"優勢"的人，但他們
的不安情緒更熾，家狗部分替代了心理治療醫師，疏解
人心中的鬱悶。

2007.1.1

17. 獼猴桃

　　已入秋，山上野生果子掛滿枝頭，我媽帶我上山。沿著現成的小徑，繞著山走，去時二小時，回頭時有滑坡捷徑可抄，跟蹌下衝，二十分就可到家。

　　回時走進樹林，一個又一個的陡峭山坡，我媽不行了。二個袋子，裝著獼猴桃、毛栗什麼的，全歸我背，但我媽腰腿無力，還是下不來。我背不動她，母女相向，互助凝視，她叫我一個人先帶果子回家，她要循原路，繞過那一座山，摸黑回家。我叫她原地等我二十分鐘，我連衝帶滾的，把果子卸在山腳，又爬上去，追上了她。

　　漸漆黑一片，那晚沒一顆星星，還好山下有幾盞微燈。

　　媽跟老爸拌嘴，他生氣，幾天沒吃飯，光啃甘薯。弟弟胡作非為，被捉進官裡。姊姊離家，凡事不聞不問。

　　我媽嘮嘮叨叨，要我回家結婚。我要跟誰結婚？那一個？幹什麼的。那條回頭路，走了三個小時。

2013.11.12

18. 橘　子（一）

我在路邊買橘子，他路過玉山路，看到我，停車下
來，他也買橘子，跟我說話。
手推車賣的橘子，酸的。
我不怕酸，不愛甜。他長得好帥。
那時候我剛結束前一段情事。想想真傻，那一個男
人哪一點好？跟著他陪客戶吃飯、喝酒、泡 KTV，
我身子都變糟了。也沒存下錢。他不但帥，也年輕
許多。

他叫我等他一年，
等什麼？
就說等，沒說清楚。
一年後真如約回來了，輪調回臺灣。
一年間沒男人碰過我身子。

那時候，我全心全意，都在他身上。
看他很忙，沒時間辦事吧，
又隔了幾個月，我問他，
你沒打算娶我嗎？
他說，就現在這個樣子，不是很好嗎，

他請求我當他小三。

我好難過，早上都起不了床，真想一睡不起。
但我內心裡，說要等待，
有一天終要回山上老家，
山上也有幾棵野生小橘子。

2014.7.9

19. 橘　子（二）

我大姊不是我爸爸生的，
你媽再婚，前夫呢？
死了。
怎麼死的？
不清楚。石頭。
被人用石頭砸死？
山上滾下來的石頭，
被人用山上滾下來的石頭砸死？

我爸媽吵來吵去，從沒好過，已二、三十年，
不睡在一起。
你老爸沒滿足她的性欲，她氣他。
都生過四個孩子，
那也不能證明他（行）。
她嫌他什麼？矮？怎會結婚？
他住隔壁，那時候常來照顧她。我爸不矮。
她怎麼罵他？
說他沒出息。
不會賺錢？種田以外，他沒做過別的營生？
沒事就關著門看書，文言文的。

涼冷三秋天，受氣一老翁。

我爸不久前把門口二棵大板栗砍了。
幹嘛砍樹，
偶爾會有人偷摘栗子，他不高興。
我媽跟我才不高興哪。
小時候我媽常打我，我爸只打過一次，但我一直記著。
昨天我媽打電話來，說他又幾天不吃飯了，我得趕緊回家看看。

2014.7.9

20. 鑽　石

那時候正換季，改穿冬衣，
他給我一萬元買衣服，
我說多給我二千元，我寧願買一顆小鑽戒，
他不要，大聲反對，買那種礦物幹啥！
他說他討厭那種無聊的東西。

● 他結婚了嗎？
四十歲，人好好的，怎會沒結婚。
○ 他說他離婚了。
● 對你還好吧！
○ 他連工資卡都交給我，再問我拿零用錢。
○ 二年後，公司調職，他回去了。
● 再沒來過？
● 你不到臺灣找他？
○ 他臨走時說，
再去找一個男人。

2013.10.1

21. 南　瓜

推下山，
幾經翻滾，下山到家，都破了，
挨媽媽一頓好打。

土土的顏色，
聽說會慢慢變黃橙色，
說不準還會抹上些許紅豔。

偷偷把那些包裝精美的月餅扔掉，
寧供著這一個土南瓜，
天天端詳著它。

2014.9.8.中秋節

22. 山

○都是山，山後還是山，走不完的山路。

○唉，我們祖先怎跑到深山裡來呢，一定是打敗戰，一路逃，逃這麼遠，唉！

●你是山地人，傈僳族什麼的，10萬年前就住在那裡啦。

○我爸是漢人。

●我是臺灣山地人，布農族。

○不像。

●臺灣人多混有山地人血統，引以為榮。

○來到大城市，到處是房子，滿眼的樓房。

我老了，還是要回到山裡的老家。

●回家要幾天？

○三天。星期一上路，星期四到家。

坐火車到貴陽，再搭大巴11個小時，大巴一天一班，貴陽先住一天。

貴陽很亂，有一個人把手伸到我包包裡，司機看到了，過來打他一個大巴掌，趕他下車。

●扒手通常二、三個在一起。

○司機也有二、三個。司機到處有人，不怕壞人。

●多久沒回家啦。

○不想回去。

2013.4

23. 午後雷陣雨

● 一場雷雨，涼快多了。

○ 我媽說田裡的菸葉全沒了。

● 不能扶起來嗎？

○ 葉若落土，如花離枝，即是塵土。

● 那幾棵罌粟也塌了嗎？

○ 還好，還會開花。

●收了那些菸葉，當做次級品，還能賣點錢吧！

○ 燒炭的錢更貴。

● 大暴雨嗎？

○ 只下十幾分鐘，冰雹！葉子破碎。

● 一粒幹罌粟果要多少錢？

○ 以克計價。

● 菸葉無收，改種罌粟。

○ 一家只能種幾棵，當作藥，自家吃。

● 山上也種茶嗎？

○ 粗茶，一斤 100 塊。

● 下次送你一罐阿薩姆紅茶，大吉嶺或錫蘭的。

○ 海拔 2500 公尺的高山茶，臺灣的？

● 我已改喝紅茶，有機會請你喝一杯頂級紅茶。我說一杯，不是一罐。

○ 我等著要喝。

2013.8.25

24. 結　婚

起先是他要結婚，我不要，
後來我要了，想帶他回山上老家，
他不肯，不住山上。
不久他跟別人結婚，
老婆在 KTV 上班，身上有錢，
又不久，他當爸爸了，
他說越看越不像，肯定不是他的，
她老婆陪男人睡覺，生意很好。
他半夜在馬路上哭，
央求我再跟他合好。
好吧，隨我到山上種煙，不能太懶！
他光哭，像個耍賴的小男孩。

2013.10.2

25.　鐲　子

　　什麼樣的人賣什麼樣的物件。她年輕、漂亮、矜持，攤位上放置的手工藝品，以琉璃、紅木、黑木、瑪瑙等各類發亮東西穿綴而成，以腕環為主，形態、大小、顏色配置高明，簡單明瞭，奪人心目。佩戴這類飾品，既新潮，又有文化。

　　是你自己設計的嗎？

　　是呀。

　　這是什麼材質？我指一粒渾圓，有如成熟黃色柿子的珠子。

　　琉璃。

　　燒出來的東西？

　　是呀。

　　這一件要多少錢？出乎意料的貴，她認為她賣的是創意，設計費。

　　那一件呢？更貴，但我承認有點道理。

　　如果她想成為成名的大設計師，必須出身富裕家庭，能支持她出國深造及遊歷，增廣見聞；自小認識不少有錢的太太小姐，那些潛在的珠寶買家；她須能在繁華地段擁有（或租得起）一間尊貴店面，凡此種種，都須要先有（金磚銀塊）墊底，不是光憑（創意）就能成功。

　　臺北玉市，有人賣破銅爛鐵，有人帶來高貴珠寶，志在展示並炫耀，也有人當做在開當鋪，欲出售過期質押貨品，也有人當做新發表會的！建國高架橋下，讓人流連再三。

2013.5 臺北天

26. 蒲 瓜

一年生草本植物，做個簡單的竹架子讓它蔓延，或乾脆任它在地面上爬行，找空地亂竄，這種季節性蔬果最宜下飯，鮮甜多汁，又帶香氣，因熱量低，吃了又有飽足感，最宜減肥之人。

果實長的叫做瓠，瓠字讀如胡，瓠瓜、胡瓜、葫蘆都指同一個蔬果；圓形的叫做匏，匏讀如長袍的袍，大粒的匏瓜於熟透、木質化後，割成對半，就成水瓢，瓢字讀 piao，一簞（dan）食，一瓢水，過簡單的生活。湖水滔滔，只取一瓢，一生只愛一個女人；偏圓的叫做蒲；纖纖細腰的叫做葫蘆，葫蘆可裝酒，系在褲腰上，做酒仙狀，四處行走，也有幾分詩人的樣子。

在蘇州，多見長條型長蒲，在臺北，則以底部厚重的梨子蒲為多，表皮顏色也不一樣，臺灣北部的混雜白與綠，多層次，也較鮮豔，更陽光一些。曾有一位女畫家，臨時想送我一件小紀念品，找了半天，在抽屜裡看到一隻小葫蘆，深情款款的遞給我。

2015.5.15

27. 藍玉髓

　　臺北玉市，週六周日在建國高架橋下。不止是染色的，仿的，粗的，還常有意料之外的驚喜。看到一個高大的英俊年輕男子，非（中土）人士，正一件件，慢條斯理的，掏出各色寶石、手鐲、戒指、項鍊鋪滿桌子。他不是那類常見的美國人，桌子上有幾個囊包，上繡Istanbul 字樣。有好幾件西藏人珍愛的綠松石，也就是土耳其石。我把玩一件綠色寶石大戒指，他說那戒台正是羅馬時期的制式戒台，配上土耳其的綠玉。一口字正腔圓的國語，那裡學的？他說他正讀台大碩士班，財經系，他太太是臺灣人。仔細打量，俊俏、勻稱，正像一座希臘羅馬時期的白玉石大雕像，不就是大衛？

　　這是玉？

　　臺灣人只識得緬甸玉及臺灣玉。全球都有玉，青金石、舒俱來石、印加玫瑰，不勝枚舉……。

　　我開始認真選購，一如過往，只要我起心動念，想買東西，別人便會跟進，他的攤位開始聚集人潮，他手忙腳亂。隔座攤位的美麗婦人趕忙過來幫忙。

Is she your wife?

Mother.

Wife's other?

Mother.

晚飯後，在強烈檯燈下檢視剛買的五件寶貝，熠熠生輝，華麗異常。

2013.5 臺北天

28. 上山採藥

　　一塊山形石塊，一半是近赤的鵝黃色，另一半地勢略高，近黑赭色，二個色塊間有夾縫，有座短橋相連，跨越山溝，橋尾長著一棵遒勁矮松。一位長者手持拐杖，行走在前，一位長工背著一個竹筐，尾隨在後，他們正要過橋，上山採藥去也。

　　溫潤透明，也純淨，問她是什麼石頭？她說了，但我沒聽清楚，管它叫什麼玉，產自何處？它現在就捏在我手心裡，滿心歡喜。她指出雕刻者的簽名，說他是一位玉雕的名家，她又說，20 年前，她買入這塊玉雕時，他還不算是個名家，如今譽滿全臺灣，是一件大師琢磨的傑作。簽名刻得十分利落，瀟灑，我不認識，但必非泛泛之輩。

　　攤位女主人四、五十歲，皮膚細緻，溫婉可愛。二十年前，她長什麼樣子，還在上大學吧！她為什麼擺攤求售，要將她的許多珍藏品出售？我把玉雕輕輕放回原來位置，扶好，讓它顯得端莊、高貴。謝謝讓我把玩你的寶貝，笑笑，轉身離開，不能，也不宜買！她回以一抹傻笑。

　　二、三十年前，我買興大發，買了許多藝術品。有些東西，如陶藝品，我曾一次買下大部份蔡榮祐在歷史博物館舉辦大型展覽時的作品，隔了幾年，那些雅緻的陶藝品，陸續被我當做禮物送人啦，親友結婚、搬新家、增添小娃娃，除了送禮金，附帶一個名家蔡榮祐的陶器，如今所剩無幾。藝術品也要流通，或賣或送，或搶或偷，自然法則。

2013.5 臺北天

29. 蘆　葦

　　有朋友去日本回來，送我一支白色瓶子，瘦長、腰身圓肥，白衣大士一手持瓶，一手揚柳，以甘露水遍灑苦難眾生的白色瓶子。做工精細，東京銀座的大店裡買的貨色，標籤還在，售價不菲。

　　不加水，插入一大把已枯乾但芒花猶存的蘆葦，有些頭重腳輕，放在迎風的長案上，就在我書房外，向偶爾路過的人搖擺。

　　第三天，哐的一聲，瓶子跌落，一地碎片，我聽了舒了一口氣。掃除餘礫，也抹平了心中一處皺摺。

2017.6.27

30. 白瓶子

　　他說過，他跟我一樣，選擇 Hotel 新大谷為東京駐所。走後門便入赤阪鬧區，街上有上好的炸蝦老店，鱗次櫛比的店鋪，有些有和服盛妝女郎在門口招呼客人。就在自家大飯店料理亭裡，老師傅從冰箱內端出一盤鮪魚大腹切片，熟成的程度不一，肉色各異，由粉色雪花到絳紅，任君挑選一片。飯店後門看似一無門禁，任人進出，太陽才下山，還沒吃晚餐，已有時髦美女出沒，有人一天只想做一攤生意，最好先享用美食，醇酒，再及其他。她好像有約在等她的男伴，一位不特定的多金情人。

　　他從東京回來，送我一隻幼嫩長頸白磁瓶子。白衣觀音大士，一手柳拂，一手小瓶，以甘露水吹灑苦難人眾，就是那款白瓶子，不知怎的，我看著有些礙眼。精美的外盒仍貼著標籤，大店專櫃裡的貨色。

　　正是三月草長，垂柳瘋長時節，我塞進一把柳條，花枝招展，隨風搖易，一陣風來，重心不穩，跌落堅硬地面，鏗鏘悅耳，白瓶子破碎一地。

2015.1.6

31. 瓜果／敦煌（一）

莫高窟炎熱，四十四度 C，地表溫度六十多度，那一位容貌端莊的女性敦煌學者，強烈建議我們振作精神，繼續向前走。我們熱得要死，不能死在沙漠裡，怕曬成乾屍，火燒起來，會劈啪作響。

1900 年，光緒 26 年 5 月 26 日，那一位屢受抨擊的王圓籙道士，忽聞天炮響震，忽見山裂一縫，⋯⋯率人用鋤挖之，欣出閃佛洞一所，⋯⋯內藏古經數萬卷。

眾人舌幹唇裂，焦躁不安，大巴減速，停靠一處碩大的瓜果棚前，紅的、黃的、綠的瓜果堆積如壘，不必秤，一個 20 元，包甜！12 個家庭，12 份旅遊契約，上海攜程旅行社來的，共 43 人，內含一家住在蘇州的臺灣人，一對七十多歲的夫婦，其女兒，其孫女，那一位讀高中的秀色長身女孩，好像來自阿拉伯半島上的（條支）或地中海一帶的（大秦），敦煌本來就是個多民族，多語言的一個大綠洲，五方雜處。誰說（西出陽關無故人）。

大口啖吃哈密瓜，先是迅速搶食，吃撐了，再一口一口慢吃，前面還有一條長長的戈壁灘。隔座一位上海少女，（爺爺你吃一片西瓜），果然是好，又沙又甜。司機王師傅遞給我又一片哈密瓜，實在吃不下了，但不好拒絕，哇塞！特別甜，瓜果商人特選來孝敬司機及導遊小姐的 5A 好瓜。上海太太們看在眼裡，神色有異。

2015.8.11

32. 分散的古物／敦煌（二）

王圓籙可不是個傻瓜，他首先將部份新出土的古董當做禮品，分送敦煌縣令王宗翰、甘肅學政葉昌熾、甘新總督長庚等要人。1905 年有個俄國人第一個聞聲而來，連哄帶騙，迅速捲跑兩大包古物。

1907 年，斯坦因來了，他說他是玄奘大師的崇拜者，也拿出大把銀子，精挑細選的，購得神幡、繪畫等藝術品 5 大箱、經卷文書 24 箱，帶回倫敦，現存大英博物館，梵文的部份則留置印度新德里博物館。斯坦因外表斯文，也是一位冒險犯難的學者，可不是個野地裡的土匪。

接踵而至的伯希和，相貌堂堂，更是一位世界公認的漢學家，他於 1908 年來，以他豐富的漢學基礎和考古經驗，費時 20 天，將第 17 窟藏經洞內的文物通撿一遍，取其菁華約 6000 件文書和美術品，運回法國，現藏法國國家圖書館和吉美博物館。

伯希和曾將部份古物在北京六國飯店展出，中國學者羅振玉一看“驚喜欲狂，如在夢寐”。清廷立即下令甘肅巡撫，將劫餘古物，悉數載運北京，然而一路被各地官員竊劫，到了天子腳下時，仍有何震彝、李盛鐸等人藏掖、偷盜，將經卷中精好者悉數竊取，而將餘卷一折為二，以充其數。中國的知識分子，有權有勢的官員，自己對古物之摧殘，比洋人更甚！

　　從青海西寧通往甘肅張掖，行經祁連山山脈的達阪山高峰崖口，在那狹窄、起伏彎轉的山徑上，絕對不准超車，更不可堵佔對方來車車道，而一大群自駕汽車來遊的好漢們，視基本行車規則如無物。自作自受的讓他自己和別人陷身車陣，枉費二個小時才得疏解。

　　下得山來，大巴上三十位上海遊客開始嘟囔，怕已趕不上參觀張掖丹霞的夕照。那地方因張藝謀的推介而聞名，有怪異地貌與彩色丘陵，于落日時分顯現壯觀景色。在一輛高速行駛的大巴內，爭端益多，聲音愈高亢，導遊小姐面紅耳赤，……竟至全車吵成一團，有人一而再，再而三，說話不停，她說她在（溝通）！我說，那不叫溝通，是找人（吵架）！我說隨遇而安吧！有人偏要計較仔細。

2015.8.12

33. 敦煌學／敦煌（三）

　　歷史學家陳寅恪曾說，"敦煌者，吾國學術之傷心史也"。是嗎？王道士十分精明，他前後把藏經洞裡的寶物，分批賣給斯坦因兩次，得款白銀 700 兩、伯希和 500 兩、吉川小一郎 350 兩，華爾納 75 兩，合計 1625 兩，王道士頓成巨富，修一座三清宮居住，擁一掛馬車，兩匹"走馬"，出門時隨從及信徒前呼後擁，儼然是個大莊園主人。他賣得好，有眼光，買家都是世界一流的大學者，寶物也都完整流入各國頂尖博物館，譬如嫁女兒，個個得到最佳歸宿，高興都來不及，何傷心之有。

　　晚來的俄國人鄂登堡，他在莫高窟長駐半年之久，現場研究，繪製 443 個洞窟的正面圖和平面圖，系統拍攝 2000 多幅照片，臨摹數百幅壁畫，抄錄了大量題記，不過，他也幹了壞事，剝割了壁畫多方。1914 年下半年，袁世凱剛逼退滿清朝廷不久，中國人忙著政爭，誰管甘肅敦煌的一些陳年古物。美國人華爾納姍姍來遲，1924 年 1 月才到，看他一身西部大驃客的打扮，還以為是一個江洋大盜，其實人家是哈佛大學教授，他帶走的一尊精美唐代菩薩石像，現供奉在哈佛大學福格博物館內。如非名花有主，進入尊貴人家，那些寶物可能流落北京等地的古董市場，書卷類破碎支離如垃圾，石雕類被輾轉易手，恐斷手斷腳。

　　中國人遲至 1934 年 1 月，始成立國立敦煌研究所，所長常書鴻聘請的研究員中，便有日籍研究員在內，那時期，精讀中國古籍的日本學者甚多，那一天，我在館內看到一本翻開陳列的手稿，一筆一劃，規規矩矩的，十分秀氣，基本上是用中文寫的，只是夾雜了少許日本的片假名和平假名。（敦煌學）一詞是日本人首創，中國人沿用，現已成為一門顯學，國際性的學術，由各國學者分頭研究，也通力合作。敦煌是國際城市，莫高窟內的藏書，以漢文最多，此外有吐蕃文、回鶻文、西夏文、蒙古文、粟特文、突厥文、梵文、于闐文、吐火羅文、佉盧文、希伯來文等多種古代語文，內容包羅萬象，應有盡有。沉睡 900 年後重現於世，光芒耀世。她不僅是中國人的，也屬全人類共有的文化遺產。

2015.8.13

34. 張騫出使西域／敦煌（四）

　　莫高窟于唐初鑿成的第 323 窟，有一幅張騫出使西域圖。張騫於公元前 138 及 119 年，奉漢武帝劉徹的命令兩度出使西域，在大月氏、大宛、康居、烏孫等地工作十多年，豐功偉業。

　　漢武帝這位雄心萬丈的大皇帝，極力擴張版圖，他想驅趕佔據或漂忽遊移于漠南地區的匈奴，於是在他身旁的近衛群裡，挑出張騫這位文武雙全的侍郎，以及其他 99 名勇士，其中還有匈奴人，組成一支堅強的先遣部隊，提前出發，作前敵工作。基本任務是聯絡聚居今阿富汗一帶的大月氏，由東西方夾殺匈奴。果然，在張騫於公元前 138 年出陣後，大皇帝劉徹便隨後 3 次出動大軍，攻打匈奴，使漠南（天山以南地區）再無匈奴的政權存在。在河西走廊設置了武威、酒泉、張掖、敦煌四郡，又建立陽關、玉門關。

　　張騫的大隊，除那 100 人的武士團外，想必另有龐大的隨隊人員，如醫師、工程人員、氣象人員、翻譯人員等隨行，帶著不少金銀財寶、大量的商品，還有大隊駱駝、馬匹，一邊走，一邊做生意，讓部隊盡可能自給自足，是一支大商團，也是一支軍事特遣隊。更重要的，他那一面揣在懷裡的漢武帝親頒欽差大臣證書，諒再兇

悍的匈奴族長，也會畏敬三分，故只能羈絆他，送美女
當他的妾侍，給他大房子住，還不時饋贈美酒、烤羊，
監視著他。而張騫乾脆就地（調研）起來，也與朝廷保
持著密切的連系。他第一次被扣，限地居住，就在河西
走廊。

　　張騫二次出國，歷盡艱險，先後抵達大宛（今烏茲
別克）、康居（今哈薩克斯坦的一部份）、大夏（大月氏
佔據的今阿富汗北部）、烏孫（今吉爾吉斯東北部，距
新疆阿克蘇不遠，是詩仙李白的出生地），張將軍率一
支小型特遣隊，轉戰各國，他甚至於到過安息（伊朗）
及身毒（印度）等地，他是一位偉大的先行者，開拓了
一大段絲路，促進中西文化交流，他比晚他 1300 年，
由明成祖朱棣組成，由鄭和（原阿拉伯人）指揮的海軍
大艦隊，有大船 208 艘、載人 27,800 人的（鄭和下西洋）
相比，並不遜色，效率更佳。他的故事令人神往。

2015.8.1

35. 導遊／敦煌（五）

被困在山路上，那座山海拔四千多公尺，陡峭的斜坡，有牛羊成群，牠們快速移位，忽隱忽現，藍天裡的白雲也吹飄如水流。

在高速行駛的一輛大巴中，三、四十位上海遊客開始口出怨言，因為堵車，少了一個節目而惱怒，你一言，我一語，許多人一再囉唆，……莫非，他們把爭論當（消遣），甚至於當（娛樂）。當然，有人是在一本正經的計較損失，他們當中也有律師、醫師、教師。這一趟八天七夜的敦煌旅遊，團費八千，有不少節目得另外付費。有人想了好久，方得成行。有人把旅行社提供的（節目表）已先翻了又翻，幾能背誦如流。少一樣，是大條的！務必表態（維權）！必須說話，以證實你的（存在），於是眾人吵成一團，在高速行駛的一輛大巴中，你不聽都不行，讓人煩躁不安。還好，駕駛員仍把大車開得平順穩當。

導遊小姐芳名（有嫻），嫻於辭令！她一再強調，這一車遊客由 12 個家庭組成，分別與（攜程）簽約，合計 12 份契約，錢是付給攜程的，她只是受攜程之（託）

行事，只聽攜程的調度，不必因你們的七嘴八舌而亂了既定的行程。她又強調，就算有許多人想調整行程，只要你們當中有一個人（一件契約）表明反對，便不成立！她的強悍令我吃驚！是漢人，抑胡人？

看來有 30 歲，因日曬，因風霜，顯得比實際年齡老一些，或許高中畢業，才工作三、五年，二十四、五歲而已。她介紹塔爾寺，藏傳佛教，格魯派創始人宗喀巴大師的時候，簡潔扼要，我心裡佩服。看她一人對抗一大幫上海人，堅定不屈，我也暗中叫好！其實我對她的（法律見解）不同意，想駁斥她，但我沒說出口。那一群上海朋友，早看出我有些袒護她的樣子。

其實，有嫻小姐是個不辭勞苦的人，不怕行程改來改去，因改得越多，她的額外收入就越多。沒安排我們購物，但她在大巴上推銷印有敦煌壁畫的絲巾，價錢也高，我搞不懂，那些精明的上海婦女，怎會買這種紀念品？等一下，她們下車到店裡比貨比價後，心中必有一番翻騰。

她送我們到敦煌火車站，看我們進入連夜開往蘭州的臥鋪火車。她交差，回頭匆忙再去接待另一個旅行團。次晨，我們一走出蘭州火車站，看到的警察，人手一隻長約 2 公尺的結實木棍，哦，此地治安不好！後來聽說是漢人與回民之間，為拆遷鬧市正中央的大清真寺，而發生嚴重爭執，不久前，城管副大隊長竟被人打斷 6 根肋骨。回蘇州第二天，有嫻導遊告訴我女兒，她因被一大群上海人分別投訴，一下子就被開除了！

2015.8.15

36. 杏子／敦煌（六）

　　古早時候，從西域於闐（今新疆和田）到河西沙州（今敦煌市區），一隊強壯的駱駝，如陸地行舟，有韻律的踩踏細碎砂礫，搖擺前進，無狂風也無暴雪，也得走上二十多天。

　　有人想把和田杏子帶回敦煌，他答應他新婚的妻子，那時她才十六、七歲，正豔麗如一樹正在綻放的杏花，然而，經過漫漫十年，他帶回家裡給她的，只是杏核，或者已徹底幹透的枯乾枝條。直到那一年，他們自己的女兒要出嫁了，他終於把異地穗枝，嫁接成功，結出無比甜美的敦煌杏子。

　　睡一夜的火車，天明抵達蘭州，傍晚搭上飛機，再由上海浦東回到蘇州住家，當檢視背袋中的那 10 斤杏子，已糜爛如果醬，煮成一鍋杏子汁，又淡而無味，還好，還留下許多脆口的杏核。

2015.8.28

37. 高牆下

　　阿娟要去探望她生母、她被關在彰化女子監獄。阿娟要阿雄一起去，他不情願，半路上又吵起來，一到那裡，阿雄趁阿娟辦理手續，不告而別，悄悄蹓走。

　　阿娟出來時，眼睛帶點紅，還有一些淚水。她在高牆下站着，久不見阿雄出現，等呀等的，不禁放聲大哭起來，路人側目，幫不上忙。聽她在大太陽下哭得淒慘，旁邊派出所的警察們個個心慌意亂。出來一位女警察，

　　我要阿雄來啦，

　　他不會來啦，你自己回去吧！

　　他要來啦，叫他來啦！

　　先到派出所休息一會，喝一口水，

　　那裡涼快，我們去叫他來。

　　阿娟安靜下來，吃一份警察送她的豐盛便當。

2019.9.10

38. 紫色高跟鞋

　　小鏡領到一筆額外加班費，已想了許久，這一下，真買了一雙高跟鞋了。挑了又挑，左顧右盼，很高喲！她就少了一付高挑身材，就用鞋子來墊高吧。

　　走出門口，才幾步路，猛一滑，摔個膝蓋撞地，一時癱坐在濕地上，痛徹肺腑，也眼看著膝蓋腫起來，手腕也擦傷。剛剛那店員趕緊跑來，扶她一把，問要不要緊，要不要到醫院檢查。鞋跟斷裂，更增一分心痛。剛剛那店員還勸過她，天雨路滑，先別急著穿上高跟鞋，唉，急什麼！

　　傷口塗抹了大面積紫藥水，手腕的擦傷已癒合，膝蓋尚未消腫，她說，你摸摸看，還有點腫。傷口不能碰呀！是誰幫你塗紫藥水的？你妹妹，你媽媽？我自己能塗呀，嫣然一笑，你要幫我塗嗎。

2016.6.24

39. 寂寞高跟鞋

　　小錦換個地方工作，先休息幾天，也想玩幾天，從 ATM 領出 3000 元，不料第一天逛街，就花掉 1200 元，買了一雙高跟鞋。

　　小錦身材好，小腿也好看，穿短褲，搭配一雙白色運動鞋，像個運動員，那才好呀，但她夢想婀娜多姿，出入高貴場所，用高腳水晶杯喝酒什麼的，誰？有誰來邀約嗎。

　　在家裡閒散了幾天，反而寂寞、憔悴，她姊姊催促她趕快再去上班，又賴了兩天，她把鞋子又擦拭一遍，收進了紙盒裡。

2016.6.23

40. 丟掉的鞋子

　　她跟別人說，她偷走了她的漂亮新鞋子，起先好像是說她偷穿了她爸爸剛從臺北大街上買回來給她的新鞋子，後來就相傳成偷走了，她們是近親，倆人的母親是親姊妹，住家也近，這件事只在鄰閭間相傳，她與她表面上也相安無事，不曾為那雙失蹤的鞋子爭吵。

　　事隔多年，她翻箱倒篋，要找一件舊本子，意外發現了藏在底層的那一雙小鞋子，那雙鞋子已穿不下了，也長了黴，她心存愧疚，但沒敢跟她那一位有才氣的表妹說，乾脆就忘了它吧！她把那雙鞋子偷偷丟棄在一處離家甚遠的垃圾堆中。只是，幾年來，每當她走入鞋店，尤其是帶著她女兒買新鞋子的時候，便會想起此事。

2016.11.13

41. 雨　幕

　　沒雨吧，到下面走走，喝杯咖啡去。推開窗子，從高樓下望，地是濕的，但池塘裡並無落水漣漪，也聽不到雨聲、風聲。那知道，有非常微細的，似有似無，冰冷的雨絲飄到臉上。而就在前面二棵雪松挺立的地方，有一個看來相識，但想不起來是誰的一個人，好像正在等我走近。

　　在她背後，圓翹臀部上去一點，尾椎部位，有一枚刺青，一朵紫紅色的杜鵑花。她說，那裡原來有一小塊疤痕，可是我看不出來，也撫摸不到。在柔細的皮膚底下，是充滿鮮血，生機旺盛，富有彈性的肌肉，隱隱散發著健康的香氣。

　　她說，她曾經是河西電視臺預備培訓的主播員，要她一面讀高中，一面在電視臺跟人學習相關工作。在相約見面之前的電話交談中，她那迷人的聲音會讓人全心傾聽，甚至顫動心房。

　　從腰帶裏拉出上衣，伸手撫摸她玲瓏的腰身，她扭擺、閃躲。她眼波嬌媚，氣喘吁吁。用力把她拉過來，舔她，嘴裡說：“看看是酸的，還是甜的。看你有沒洗澡。”這一下子，她奮力掙脫了被纏住的身子，沖進浴室。“快點哦，限你十分鐘出來。”等她從浴室裡出來，面帶桃紅，她的身子和她的心都已準備好了，她一下子投入男人的懷抱之中。

　　在熱烈纏綿中，她有如囈語般，斷斷續續的說，哎呀，你捅到我心裡去了！還要，還要，我每天都要這樣！在恍惚中，男人似乎覺得落入一個情境中，那是他熟讀的《聊齋志異》中的一個場景。

2009 年春節

42. 禮　教

　　紀曉嵐是一位大學者，主編《四庫全書》，但他真正傳世的著作是《閱微草堂筆記》一書。這部"托狐鬼以抒已見"的小說及其他文體的文章，常被人與蒲松齡的《聊齋志異》並舉。不少後世評論家說，紀書不如蒲書，因為紀曉嵐出身書香世家，及一生順利出任大官的經歷，極力維護禮教。

　　他擔任的公職主要是考官、學政，還三任禮部尚書，難怪他愛說理，說教。除了儒家的禮教，他還輔以佛教的因果報應。懲惡，勸善。總之，他要教化大眾。問題是，當時的官方觀點，比如說，對婦女"貞節"的看法，真是駭人！現在我們舉一個血淋淋的實例，請看紀書《卷八·　如是我聞（二）》這一則故事：

　　明季河北五省皆大饑，至屠人鬻肉，官弗能禁。有客在德州、景州間入逆旅餐，見少婦裸體伏俎上，繃其手足，方汲水洗滌。恐怖戰悚之狀，不可忍視。客心憫惻，倍償贖之。釋其縛，助之著衣，手觸其乳。少婦艴然曰："荷君再生，終身賤役無所悔。然為婢媼則可，為妾媵則必不可。吾惟不肯事二夫，故鬻諸此也，君何遽相輕薄耶？"解衣擲地，仍裸體伏俎上，瞑目受屠。屠恨之，生割其股肉一臠，哀號而已，終無悔意。惜亦不得其姓名。

一、譯　文

　　明朝河北等五省都發生嚴重饑荒，以至於殺人賣人肉，吃人肉，官方無力禁絕。有一位行商，在德州、景州間進入一家飯館吃飯，赫然看見一名裸體少婦被綁住手腳，伏臥在一塊砧板上，等著被殺取肉，屠夫正在打水，潑水，清洗她的身體，她那恐懼戰悚的樣子，不敢看，無法忍受。

　　這位行商心中悲痛，憐憫她，便以加倍的金錢，把她買下來。替她鬆綁，幫她穿上衣服，他的手觸摸了她的乳房。這位少婦因乳房被摸，生氣地說："蒙你搭救，撿回一命，我願一輩子為你作卑賤的工作，不會反悔。但我得告訴你，我願作你的婢僕，絕不肯做你的小妾。我就是因為堅決不肯再嫁，所以被賣到此地宰殺。你為什麼輕薄我？"說罷，脫下衣服，扔在地上，又伏臥砧板，閉上眼睛，等人屠殺。屠夫惱怒，生生割下她一片臀肉。她只是哀號，並不討饒。可惜我不知道她的姓名。

二、議　論

　　紀老夫子提倡的禮教正是"吃人的禮教。"他住在北京郊區的別墅裡，只監督屬下官員做些整理書籤、書架的工作，"晝長無事，追憶見聞，憶及即書。"寫下這一

椿令人心膽破裂的血案。嚴重的饑荒，鬧至人吃人的地
步，我們無能為力。但紀曉嵐在這生死關頭，還在提倡
他的"一女不事二夫"，可笑、可悲、可歎！我說他是一
個遠遠脫離現實的老學究。

三、改寫看看是否更符合人性，更實際一些。

……替她鬆綁，幫她穿上衣服。在穿衣服的時候，
他憐愛的撫摸了一下她的乳房，不意，她生氣了，她狠
盯了他一眼，罵道："你幹麼輕薄我！"這位行商登時也
嚇出一身冷汗，手足無措。她眼睛中的恨意消退，逐漸
變成了哀怨，先是蹲下來，接著竟癱倒在地上，痛哭哀
嚎了起來，只聽她一邊哭，一邊斷斷續續的說："蒙你搭
救，撿回一命，願終生勞苦為你作工。但你萬不可玩弄
我的身體！我就是因為要為前夫守貞，不肯再嫁，才落
到今天要被人宰殺的境地。你要想好，你只是買了一個
只要替你做苦工的女人，你要嗎？"他脹紅着臉，噙著眼
淚點點頭。於是她掙扎着要站起來，他伸出手要攙扶她，
突然警覺到"男女授受不親"，趕緊把手縮了回來。

她來到他家，勤快的工作，做得多，也做得好，漸
漸的連他生意上的事務也幫上了忙。過了一年，她漸漸
忘卻過去的種種悲慘經歷，心平氣和了。她本來就長得
不難看，現在長了幾分姿色。在偶爾肌膚相碰時，她臉
上不再是恨意，而是些許嬌羞。幾年後，他們生了一個
男孩，又幾年後，在這位行商出門經商時，這個男孩就

跟着身邊，成了他的好助手。可惜我不知道他、她、他的名字。不論生存環境有多惡劣，也不論人為的桎梏多麼無理，人與人之間的感情永不滅絕。

2006.8.18 于蘇州

43. 聊齋中的情色

　　蒲松齡的"聊齋志異"是用文言文寫的，一般人無力直接閱讀原文，需借助於白話文的譯本。原文有四、五百篇之多，但譯文通常只譯出其中的三分之一，近二百篇而已，不過僅這一百六十篇左右的譯文已構成約 600 頁的鉅冊。蒲松齡敢於言人之所不敢言，不但直言官場裡的黑暗腐敗，對於一般男女之私，"性"與"色"的描述，也佔有相當的篇幅。或許正是這些情愛部分，才使這本聊齋傳誦近三百年。著名的美國歷史學者史景遷在他的"王氏之死 —— 大歷史背後的小人物命運"一書中，抄錄了蒲松齡"聊齋志異，卷五，荷花三娘子"一文中開頭的四小段，述說男書生與荷花女狐如何相遇相識的情節，頗為煽情。幾本分析、評論聊齋的書本中也都提到這幾段出色的文字。但就是沒人翻譯成白話，怕被指為色情，遭人物議也。茲抄錄如下：

　　湖州宗湘若，士人也。秋日巡視田壟，見禾稼茂密處，振搖甚動。疑之，越陌往覘，則有男女野合，一笑將返。即見男子靦然結帶，草草徑去。
　　女子亦起。細審之。雅甚娟好。心悅之，欲就綢繆，實慚鄙惡。乃略近拂拭曰："桑中之遊樂乎？" 女笑不語。

　　宗近身啟衣，膚膩如脂，於是挼莎上下幾遍，女笑曰：“腐秀才！要如何，便如何耳，狂探何為？”詰其姓氏。曰：“春風一度，即別東西，何勞審究？豈將留名字作貞坊耶？”

　　宗曰：“野田草露中，乃山村牧豬奴所為，我不習慣。以卿麗質，即私約亦當自重，何至屑屑如此？”女聞言，極意嘉納。宗言：“荒齋不遠，請過留連。”

　　史景遷只抄錄了前記四小段，為了使故事完整些，我再多抄錄接續下來的部份情節。

　　女曰：“我出已久，恐人所疑，夜分可耳。”問宗門戶特志甚悉，乃趨斜逕，疾行而去。更初，果至宗齋。殢雨尤雲，備極親愛。積有月日，密無知者。會一番僧卓錫村寺，見宗驚曰：“君身有邪氣，曾何所遇？”答曰：“無之。”過數日，悄然忽病，女每夕攜佳果餌之，殷勤撫問，如夫妻之好。然臥後必強宗與合。宗抱病，頗不耐之。心疑其非人，而亦無術暫絕使去。

　　（譯文）

　　秋天到了，稻米日漸黃熟，這天午後，湖南秀才宗湘若走到自家田地巡視，看到一處稻禾濃密的地方，無風起浪，搖動得很劇烈。他心中疑惑，過田埂，跑過去看，竟看見一對男女野合，一笑，回頭要走，不意那個男的紅著臉，系上帶子，慌慌張張的急忙溜走，扔下女的不管了。

　　女的也站起來啦，仔細一看，長得出乎意料的好看。宗湘若衝動起來，想上前跟她做愛，不好意思，沒那個膽子，但也一步步靠近她，伸手幫她擦拭泥土，一邊說："在田地裡玩得好嗎？"

　　宗湘若把手伸到人家衣服裡，肌膚滑嫩如白玉，放肆上下撫摸起來，女的笑著說："書呆子，要怎的，便如何好了，亂摸一通幹啥？"男的還問女的名字，女的說："春風一度，即別東西，你問它幹嘛？莫非想留下姓名，樹立貞節牌坊嗎？"男的說："我又不是山村作粗活的人，不習慣在泥地露草中跟人打滾。要跟你這樣的麗質天生的女人玩，更要鄭重其事了，豈可草率將就？"女的一聽，高興的不得了。宗湘若說："寒舍離這兒不遠，請來我家玩。"

　　女的說："今天我出來很久了，要先回去一趟，天黑後去。"問明白秀才家的門戶標誌，女的便從旁邊的一條小徑快速走開。

　　才點上燈火，漂亮女生果真來到宗秀才家裡，二人久旱逢雨一般，極盡纏綿，弄得一身濕膩。他倆日日春宵，連著幽會了好長一段時間，但無人知曉。

　　直到有一天宗秀才來到一座寺院，一位外來的番僧驚異的說："你身上帶有邪氣，遇到什麼了嗎？"回說："沒事。"又過了幾天，宗湘若悄悄的病倒了。女的看他生病了，每晚都帶來探病的水果、花卉和食物，很殷勤的安撫他，就如同新婚的恩愛夫妻一樣。

　　但妖豔女生一躺上床，便強要秀才跟她好合，他病了，無性趣，不耐煩了。心裡懷疑她是個狐狸精，想疏遠她，但想不出辦法不讓她來。

2006.6

44. 種　梨

　　有一個農夫到市場裡賣梨，很香甜，賣得貴。來了
一個衣衫破爛的道士，向他乞討梨子，農夫罵他趕他，
但道士賴著不走，道士說，你一輛板車有幾百個梨子，
我只要一個，你少了一個梨子，又沒什麼大損失，你生
什麼氣？圍觀的人群中，有人勸賣梨的農夫挑一個壞梨
子給道士，農夫硬是不肯。有個在菜市場裡作粗活的好
心人，看不過去，只好自己掏錢，買了一個梨子送給道
士。道士道謝，又對著眾人說，我可不是個吝嗇的人哦，
我有好梨子請大家吃。有人說了，既然你自己有梨子，
剛才怎麼硬要求乞別人？道士說，我須要一個他的梨核
做種子。說完，大口大口的吃完梨子，把梨核留在手中。
道士從背囊中抽出一把鏟子，挖出一個淺坑，放進梨
核，又把泥土掩蓋起來，問誰能舀一瓢水來給他。有個
惡作劇的人，竟遞給他一勺子滾燙的熱水，道士也不計
較，在埋梨核的地方澆上。在眾人的注視之下，看到種
苗破土而出，漸漸長大，不過一會兒時間，已成了一棵
梨樹，枝葉茂密，倏而開花了，倏而長出小梨子，又一
會，碩大芳香的梨子，已掛滿了那棵梨樹。道士伸手採
摘，分送那些驚異萬分的圍觀群眾，一下子全採光送光
了。接著道士仍用那把鏟子砍樹，丁丁當當的敲了半

天，梨樹砍斷，於是道士將那棵梨樹扛在肩上，從容慢步走開。

在那道士作法的時候，那個賣梨的農夫躲在圍觀群眾之內，伸著脖子看得津津有味，竟忘了照顧他那一板車的寶貝梨子。道士走後，他回過神來，去檢視那輛板車，車上的梨子已一個不剩，這才醒悟，剛剛那個惡道士，用來分散給眾人的梨子，就是他車子上的梨子，又仔細一看，板車上的一隻把手也斷了，是剛剛砍斷的，留有一個新的疤痕。農夫大怒，急忙追趕道士，轉過牆角，即看到被砍斷的車把扔在地上，原來那根車把就是剛才施行法術變出來的梨樹。道士已逃逸，而眾人哄笑這個農夫。（姑妄聽之，妄言之）：

1、盤中粒粒皆辛苦，一絲一縷當思來之不易。在日常生活中，我們也常看到有人為了一根蔥、一粒蒜而爭吵不休。你說這叫"吝嗇"？叫"小農心態"？在農業社會，在長時間的廣大農民貧困生活中，一個甜美的大梨子是重要的。道士憑什麼強行索討？"你有幾百個梨子，我只要一個，對你又沒什麼大損失，你幹麼生氣？"道士說的不對！就在今天，許多有幾千、幾萬個工人的電子、信息業大公司裡，其利潤是微薄的，為了降低成本，他們也是"錙銖必較"的。

2、他賣的梨子又香又甜又碩大，如果是他自己栽種的，那麼這位農夫的農耕技術是優秀的，要褒揚。他是創新者。他賣的梨子價錢貴？"貴不貴"由市場法則來決定。

3、道士作法。"作法"是使詐嗎？道士還煽動街頭群眾哩。

2006.7

45. 罵　鴨

　　蒲松齡聊齋志異一書中，有一篇寓言故事，一共才一百五十多個字，勸人"別偷人家東西，別開口罵人"，是大陸多數兒童都聽過的故事。但在臺灣幾乎沒有人聽說過這個故事。我把它譯成白話文如下：

　　縣城西面的白家莊某一個人，偷抓了鄰居一隻鴨子，煮了吞下肚子。到了夜裡，覺得渾身發癢。天亮一看，一身長了毛茸茸的鴨毛，碰了就痛。他大驚失色，急忙找醫生，但毫無辦法。白某人睡覺時夢見一個人告訴他："因為你偷了人家鴨子，老天爺罰你受罪。必須失掉鴨子的鄰居開口罵你，茸毛才會脫落。"偏偏丟掉鴨子的那位鄰居老翁很有雅量，從不因為被人偷了東西而生氣罵人。白某於是騙那位芳鄰，是某甲偷了你的鴨子，他很怕你罵他，但你要罵他一頓，免得以後還偷你家的東西。"鄰居老翁笑一笑，說："誰有閒氣罵壞人。"就是不開口罵人。白某人愈加難過，只好老實向芳鄰說明真相並道歉。老翁訓斥了白某人一番，白某人的怪病也就好了。

2006 年 7 月

46. 龍山寺

　　五月初的一天黃昏，一跨入門檻，聽聞善男信女正在誦經，數百人齊聲禱告，聲音嘹亮，心頭顫動。

　　有人才一起身，瞥見一位長身長裙的熟女，屈膝跪倒，補進那一長條跪墊中的空格之內。依稀是一位白淨優雅的適婚女子。逐爐合掌，各插一根香，來到最後的（月老神君）殿，又看到她，她從提包中揀出一串粉色蜜蠟手環，緊緊捏在掌心，雙手合指，神態凝重。……或許，她心中已有一個人，而那人不來邀約；或許她連個對像都沒有，都要月老牽引。

　　一位中年男人，手持手機，他問他妻子：（我已來到龍山寺，愛倫的婚事要怎說？）他在求神之前，得先問愛倫的媽。他忘詞，還是臨事慌張，根本忘了先向老婆大人請示。

　　我呢？何事趨來。

午後（一）2014.7.29

47. 收　驚

　　太陽出來了，一掃多日的陰雨和潮濕，午後的陽光讓人心神略定。到松江路行天宮走走吧，才2點，好像要到4點，黃昏時候才有道姑收驚，出去曬曬太陽，散步去吧。

　　也不遠，坐捷運2站便到。一進宮，大廳裡滿滿的人，但安靜、肅穆，有三、四百人在排隊，隔著中央區塊的多排跪墊，兩旁各有1支回型曲繞的隊伍。有義工來回走動，叫人把背包吊在左肩，當你走到收驚的道姑、道婆面前時，垂手、低肩，右身傍著她。近十位道姑，一襲灰藍長袍，手拈一根線香，先問你姓名，然後以手指作勢，敬謹請神，她輕誦簡短經咒，把一縷細煙，搗向你的胸懷，也作態輕撫你的頭頂，費時不過三、五分鐘，那些面貌安詳的中老年婦女，驅散了你心中的夢魘，願你今夜安眠。

　　男女老幼，可能是個富人，有學識的人，擔心會過勞猝死的上班族，販夫走卒，無一親友，無處訴說悲苦的寂寞人，也有打扮妖嬈，頭髮染色的年輕女子，在這裡眾生平等，宮廟也不收你一毛錢。

　　臺北行天宮人來人往，川流不息，一天湧入數千位想獲得心靈安慰的人。或許有一天陸客也會聞聲而來。

　　　　　　　　　　　　　　　　午後（二）2016.12.7

48. 又來收驚

　　夜裡夢多，再進行天宮，宮裡已無線香，沒有蠟燭，連大堂中的長條供桌也收拾掉了，請毋攜帶水果、糕餅進宮，告示牌上寫著（PLEASE KEEP QUIET），只請合掌祈禱，如想跪下來，有多排跪椅並列。

　　有人明明神態安詳，面貌怡靜，她心中也有懸掛？有一家人一派的幸福美滿，當然也有憂鬱的人，面帶病色，各有各的心事，不便言明，只求獲得道姑們的引導，與神明相會一會兒，收掉心中的驚懼。

　　路邊正有人修剪路樹，小心翼翼，不讓鋸斷的樹枝碰撞路旁停放的汽車，還有一個人，手持柔軟的雞毛撢子，正在拂拭落在摩托車上的落葉。萬物皆有靈，請毋驚擾。

午後（三）2018.2.12

49. 楓 紅

　　秋冬的樹木，楓葉紅豔，還有鵝黃，挺直的銀杏正在微風中徐徐落葉。多著呢，翠綠異常的竹子、松柏，還有處處可見的小花小草，誰知道她們的姓名和身世。人工造景的花園，分不清是嬉鬧的青春，抑或是凋謝中的強自振作。管她春、夏、秋、冬。

把照片傳給小顧看，
你人在天平山嗎？
就在自己住家，近鄰索山公園。
植物長得真好，她說，
人活得不快樂嗎？

遛完狗回家，路遇小惟，把剛拍的照片翻給她看，
在天平山拍的嗎？
你回頭看看，就那一排紅楓，剛拍的。
我已在這兒帶狗遛了一個小時，怎沒看見。
人們常常忽視了身旁的美麗。
是你的照像技術好吧！另翻一張昨晨拍的
花樹給她看。
那是什麼？

正長在你家門口的那一棵枇杷大樹，花事正盛，有蜜蜂穿梭其間！

你家小狗今天穿的衣服真漂亮，她愛看漂亮衣服。

午後（四）2016.12.3 名城花苑

50. 紅 茶

萬中選一的紅茶，
當你心亂如麻，
助你調好心情。
有人忽然想起，
世間猶有愛情一事。

午後（五）2016 年冬至

51. 山　茶

有時心中怨恨，
欲潑口罵人。
且喝一壺濃濃的苦澀與香釅，
高山湖濱的古老野茶，
沁人心脾，沉思一回。

午後（六）2016 冬

52. 快樂遊人

　　轉錯路，不意來到向山風景區，驟見陽光明亮的日月潭，心神一振。本以為回到溫暖的臺北，那知從北極刮來的大寒流，一樣籠罩住臺灣，更潮，更濕，陰雨連綿。身體不舒服，但我堅持要到郊外走走，幸好來了，遇見一大片豔陽，還有藍天白雲，清澈的潭水與空氣。年年來到此地，但只為挑選當地紅茶，原以為日月潭早已淪為人聲吵嘈，汽車堵塞的景點，那知，她依然美麗。

　　有四位婦女並坐草地，面對湖，笑聲盈盈，我走到她們面前，（可以拍一張嗎？）、（快樂的遊人是美麗風景的一部份）我說。她們欣然，還說我說得真好。她們是一家人，祖孫四人。在落後地區，有些想拍照的人老是驅趕別人，口說（讓讓，讓讓），風景不是人人共享的嗎？你有什麼權力驅趕別人？還有，他們不瞭解，美麗的風景中須有遊人散佈其間。

　　有一對穿著白西裝、白婚紗的新人，身旁倆位花童，一個十多歲，另一個七、八歲的女孩，四人相依相偎，徜徉湖畔，享受冬日的暖陽，莫非，他們是一家人，只來（補拍）幾張當年疏漏的結婚照片。那一份怡然自得，也溫暖了別人。

　　還有一位女子，身披長長的黑色婚紗，她坐下來，黑紗鋪成一個大大的圓圈子，只是形單影隻，好像在等人。

　　木板鋪成的單車車道，有人像急著趕路。舒展筋骨吧，來運動的。久違了，日月潭。

午後（七）2016.1.31

53. 狗吠火車

　　黃昏，日頭西下，一列（五分車）鳴鳴叫著，從樹林轉彎處冒出頭來，它沿著二條鐵軌，蜿蜒前來，有如一隻超大型的黑色蟒蛇，咯隆咯隆，頭冒濃煙，口吐白氣，擺動著有如身軀的一長串車廂。它負荷超重甘蔗，又鳴鳴叫著，行將離去。一群喧鬧小孩追著小火車跑，小狗興奮，狗吠火車。

　　上了初中，兄弟倆仍動輒打架，多半老大起釁，父母生氣，但再怎麼說都沒用。老大進高中，美術課0分，怎麼搞的？只要他隨便補交一張畫，便可過關，但他死活不肯，化學課也不及格，於是讀了四年師大附中。自認有數學天份，讀了二年，嫌交通大學的數學系不好，再考，進隔壁的清華大學，出洋，得加州大學數學碩士，迄今九年，仍在苦讀他的數學博士。沒有工作，無證無照，隨時會被遣送回到臺灣。老爸把他的退休俸的一半，按月寄給他，近美金1400元。別再寄了！對，不寄！實際上他還得跟老伴再三商量，或者少寄，但不至於一下斷絕吧。

2013.11.21

54. 富人的寺廟

　　寺廟本是個窮人聚集的地方，窮人受了委屈，無處伸張，跑到寺廟向神明投訴並尋求慰藉。像臺北的龍山寺，就成了一些老人與流浪漢祈福、下棋、喝茶，說長論短，竟日盤桓的處所。龍山寺附近已修建得像一處現代公園，有噴泉，有大型的星宿圖，除了老人，也常有一些無所事事的人坐在那兒發呆。那是一塊具有一股無形的力量，會引人坐下來，休息一會兒的地方，我跟我太太到龍山寺燒香後，也喜歡在那兒坐上十分鐘。龍山寺近側原來有一個大型的麥當勞支店，天天高朋滿座，但收入微薄，終至關門大吉。很多臺北人都知道那家速食店被老人們"吃倒了"！麥當勞怎會設在那種"窮人"盤據的寺廟附近呢！

　　我們夫婦經常上寒山寺燒香拜佛，2005 年 12 月 12 日又去了一趟。門票一人一張二十元，敲三響鐘各五元，買一對蠟燭二十元，五把香綁成一捆十元，兩人一共用了人民幣八十元，只在那兒停留了 30 分鐘。於是乎，寒山寺已成為富人的寺廟。一般工薪階層進得了門嗎？龍山寺人來人往，不要門票，一把香新臺幣十元，如果你不要買，寺裡準備著一大堆免費的線香。你可以在寺裡待上一整天，不用支付一文錢。寺方只要求你不要坐坐在或跪在或躺在通道的地方，妨礙別人進出。寺廟本來就是個窮人的地方。

　　窮人、富人，另外還有一個"待人"的問題。我在山門入口處拿出一張百元新鈔買入場券，找給我一張五十元券、一張十元券。買蠟燭及線香要了 30 元，我拿了那張老舊的五十元給她，她嫌那張票子不好看，要我換一張，我說那就是售票處剛找給我的票子，那位大姐面露不悅之色，又揉又搓，好像要把那票子弄破的樣子，接著她把那張五十元券用力按在假鈔識別器上，那個機器發出"這張票子沒問題"的語音。於是那大姐"摔出"二張更破爛的十元券給我！臺灣的寺廟裡的工作的人員幾乎都是無薪的義工，待人十分客氣。除了龍山寺，臺北的恩主公廟也是另一個善男信女喜歡去的寺廟。溫世仁先生是一位聞名海峽兩岸的電子 IT 業大商，為人熱情、慷慨，為實現理想而努力，不幸英年早逝。他不避稅、節稅。我不清楚，但印象中曾在報紙上看過，好像須繳付約新臺幣 20 億元的遺產稅。溫先生的生母，是恩主公廟的義工之一，一位善心巨富的媽媽，她披著一身樸素的道姑服，夾在眾多義工之間。如果沒人指出來，誰知道誰是誰。

　　我在 1989 年第一次來到蘇州，那時就去過寒山寺，那時候顯得有些年久未修的模樣，也不擠滿觀光客，有些冷清。我在 1992 年在此地投資設廠。工作上、生活上總有些不適應、不愉快的地方，於是常上寒山寺燒香並捐點錢，祈求菩薩保佑。因為常常來，有些工作人員似乎已認得我們這對老夫妻，有時還會主動來幫點忙，譬如拆開線香的紙紮之類的事情，待人和善。不想寒山寺驟富起來，竟也"店人欺客"起來！我在買線香的時候，跟那位大姐說我不需要一次買五把，只要一把或二把，她說"全家福"，非要一次買五把不可！煙霧迷漫刺鼻刺眼，也是一種污染。把蠟燭越做越大，把許多線香紮成一捆，是浪費資源。

我是個地道的臺灣人，我相信我身上帶有原住民的部份血統，不論在臺灣或大陸，如果我聽到有人對臺灣做出不實的指控，我會不爽。我從 2003 年 7 月起，已基本定居在大陸蘇州，我同樣愛這地方，也聽不進別人說此地的壞話。請菩薩寬恕我，我無意指責寒山寺，我還會常常去寒山寺，我很高興在元旦除夕在那兒聽夜半鐘聲。我在 12 月 14 日寫下這篇記錄，也許二年之後，很多地方都已改善，此文已如明日黃花，新事已成故事。我希望留下點點滴滴，但能匯成一條長河的記錄。

55. 寒士圍爐吃年夜飯

　　多年來臺灣的天氣越來越冷，這幾天，臺灣北部的溫度低於攝氏十度，合歡山、玉山早已白雪紛飛，汽車輪胎加掛雪鍊，不怕危險不怕塞車，許多人爭相上山賞雪。今年連臺北近郊的陽明山、大屯山也有雪霰、雪花，早開的春櫻，枝枒上也堆疊一層白霜，在寒風中搖擺生姿。

　　已持續 30 年的寒士圍爐大會，聚集各地寒士、街友、單親媽媽與她的幼兒、獨居的老人一共 4 萬人，於全臺灣 16 個地方，共（辦桌）2,200 桌，讓他們飽餐一頓年夜飯。

　　臺北的餐會，就在總統府大門前空地舉行，長長的臨時帳棚內，是豐盛營養的十道大菜，（暖哥）陳建仁副總統穿梭其間，溫言慰藉，前總統馬英九也來（插花）。臺北不會驅趕（下端）人口，視他們一如家人。

　　不讓雨水淋到菜餚，不讓油水洩入水溝，廚房都鋪上地毯，抽水車、臨時廁所全都到場，散席之後，廣場上一片乾淨。期待明年再來。

2018.2.5

56. 珍貴小提琴

　　在台南市近郊的廣袤甘蔗田裡，不久前，突然樹立起一座奇美博物館，奇美因收藏了許多貴重小提琴，頓時使他在眾博物館中獨樹一幟，揚名國際。這座有特色的博物館是由臺灣的化工業鉅子許文龍一手創建。

　　CHIMEI 收藏有 1000 把小提琴，數十把頂級提琴，舉凡阿瑪蒂（Amati）家族、瓜奈里（Guarneri）家族、史特拉底瓦里（Stradivari）家族、白貢齊（Bergonzi）家族製作的著名提琴都包含在內。一般人也不會唸義大利文，什麼（里）呀！（瓜）的，唸不清楚，記也記不住，乾脆叫它們為（嘰哩呱拉）琴。那些琴，有的音色極為甜美，有些能發出如擊發加農炮般的巨大音響，也有能淋漓盡致的表現纏綿愛情的。這些都不算，它們在過去的幾百年期間，還必須曾被幾位出色甚至偉大的演奏家所擁有，愛撫，並演奏，有過許多傳奇經歷。

　　那一把通常被人稱為奧雷·布爾（Ole Bull），由朱塞佩·瓜奈里·耶穌（1698－1744）在晚年製作的小提琴曾是挪威的國父，也是最著名小提琴大師奧雷·布爾所持有。奇美博物館於 1992 年購得，此後，已出借給美國大都會博物館、挪威博物館、法國巴黎音樂博物館等名門大館展覽過。奇美已成世界第一的提琴博物館，大量的金錢之外，也有一群勤奮的專家們投注了大量的心血耕耘。臺灣在正在殷切期望有偉大提琴演奏家及作曲家出現。

　　今年春節，一開電視，便看到楊天媧拉小提琴，她婀娜出場，獨奏沙拉沙第的鬥牛士狂想曲。當琴音從華麗、喜悅轉為悲傷，她好像情場受挫，正在傾訴著她失戀的痛苦，令聽眾們也想同聲哭泣。小提琴家擅長詮釋多層次的情感與美感。楊天媧所用的那把琴，是安東尼奧·史特拉底瓦里（Antonio Stradivari 16441737）製作的名琴之一嗎？或許當地年事漸長，閱歷增厚，想以更簡樸、深沉的方式詮釋生命的時候，她或許須換用別把名琴。奇美博物館的珍藏名琴，是可以借用的，她知道嗎。

2017.3.22

57. 北京 1989（一）

　　北京（遠）些，不愛去。這一回，是第四次，25 年來才四次。這一回是陪孫子到中央財經大學註冊入學，我女兒，老伴與我，四個人在前一晚，到長安大道北京飯店譚家菜吃一客 1200 元的套餐，好吃，但我料想卡洛裡過多，吃得不太舒服，我不想增胖，我還想認真工作幾年，希望保持精瘦模樣。

　　1989 年春天，我對大陸種種所知甚少，不知六四天安門事件即將爆發，我們夫婦參加旅遊團，就住宿北京飯店。在十三陵看到大梨子，一個三塊，三個十塊，還買了一頂大氈帽。在上海外灘，難得看有一個人賣小橘子，那個年輕人，聽說是一家國營農場的售貨員，一個中型籃子，放在腳踏車後座上。當時在大陸，水果是可有可無之物，無以充饑，所以只能在院子裡邊邊，種幾棵。我興高彩烈，還不知道是甜是酸呢，快手挑選了他半籃橘子，他突然大喝一聲，說不準光挑好的，叫我通通放回去！好吧，我要買三分之一，你自己拿給我。我付了 EEC 外匯券，一提，那一隻薄如蟬翼的塑膠袋，登時破裂，小橘子散落一地，我撿回二粒，我夫婦各吃一個，其他的就隨它去吧。

2014.9.13

58. 她從北京來（二）

　　老王從臺灣起程，過溫哥華、北京到蘇州，在市郊開了一家高級木器工廠。近 20 年了，有 70 歲吧，但依然挺拔。好久不見了，在香格里拉自助餐廳又遇到他，身邊有二位長身女子，一中年，一年輕。那位中年美貌婦人是他早年從北京帶來的，像父女，更像夫婦，剛看到她時，她懾人的美麗，於今，仍風姿綽約。那位年輕女孩子，是他們什麼人？也是個美人胚子。

　　老王逐一含笑跟我們打招呼，看到我孫子，他不認識。是我孫子，高中畢業，要上大學了，身高 186，那倆位北京來的女生，都盯著他看了一下，稚氣未脫，未滿 18 歲，是個俊俏男孩。

　　決定到北京讀大學，那年輕女孩一聽，又深看一眼，讀中央財經大學，投資學系，這一下，他們三人又都凝視了一會兒，那位年輕北京姑娘尤其眼睛發亮。老王已老，她們想回北京，有誰帶？男孩子沒動靜，慢條斯裡的剝吃北海大螃蟹。

2014.9.14.

59. 北京 1991（三）

　　1991 年第二次到北京，我隨團參訪農業部與及其所屬的科技院，那些官員與專業人士和善，大家相談愉悅，我不覺得是進入陌生的地方。但當我於 1992 年 8 月初，倉促間在蘇州與一家村辦企業合資後，很快便覺得（誤入歧途），備嘗艱辛，也幾乎毀掉健康。所幸，幾年後已適應其地、其人、其事，且苦盡甘來。退休後，如果我回住臺北，不過是一個普通的閒散老人，但住在蘇州，竟開啟了另一段（詫異人生），開始寫文章，像一棵老樹又長新枝。我有許多故事要說，一鱗半爪，或斷垣殘壁，看能不能構建成一座城堡般的，能彙集人群的物業。

　　那一趟我們投宿昆侖大飯店，是座大建築，大廳高牆上一幅大畫，吳冠中的暢快作品，一面盤根錯節的（根柯枝枒）水墨畫。畫廊經理告訴我，可以賣，5 萬塊美金。大飯店開幕前，他們迎來畫家，好酒好菜好茶，殷勤款待，搭一個特大工作臺，供給好筆好墨好紙，二個星期後，畫家帶一個紅包離開，留下這張好畫。我估計，隔幾年，這張畫可賣 50 萬元。我終沒帶走，因為，如帶走，會自覺像一個（賊）。

2014.9.15

60. 北京交通（四）

2006 年第三次來北京的時候，我們住長安大道的建國大飯店，那時候還很容易叫到計程車，我們按圖索驥，四處兜轉，吃當地小飯館的麻醬面及包子，與當地居民聊幾句，嘗試追尋滿族人的蹤跡，聽辯真正的京撇子（京片子），北京人講話並不捲舌。

這回還住長安大道，海南航空集團新建的唐拉雅秀酒店（TANGLA），這是（精打細算）下的產物，與之前住過的天津萊佛士酒店有段差距。我住家附近的日航蘇州大酒店即將開幕，看外觀，頗有質感，預料管理也會好，但不知內部裝潢是否（省錢）。這回在長安大道，復興門外大街，根本攔不到計程車，於是出門都搭公車、坐地鐵、走路，意外的讓我看見北京的另一番風貌。

長長的長安大道，道路都不分快、慢車道，腳踏車、電瓶車、還有，像是殘障人士專用的拼裝車，都混雜一道，穿梭行進。這是真（平等）？是對附近居民的一種容忍、尊重。

公車不論遠近，一律一元，地鐵不論換車幾次，一律二元，從昌平的新聞大學群聚地，到天安門廣場，距離近 40 公里，還是二元錢。突然，我對（使用者付費）這一概念起疑。北京官民正在討論一票到底的現在辦法是否合理。

二廂二門的長身巴士，乘客一律從中間的門進入，入口處設一略高的（指揮）台，有一位熱情工作的中年女士（當家），她一見有人帶幼兒乘車，或白髮老者上車，必出聲請人讓座。地鐵則一再廣播，請讓座給不便久站的人。

北京人似（自製），不大聲喧嘩，遵守交通秩序，不自以為高人一等。說空氣極差，至少，2014 年 9 月 9 日至 12 日，剛過中秋，天高氣爽，無人戴口罩。

2014.9.21

61. 北京人（五）

　　北京是北方，幽燕地方自古以來住的是契丹人、女真人、蒙古人……。漢人的地盤主要在黃河以南的河南省。西安即長安，楊堅、楊廣父子、李淵、李世民父子，二家還是親戚，屬鮮卑人血統。北魏文明太后馮氏與孝文帝拓跋宏大力推行漢化政策，結果，是他們自己，從胡人變成了漢人。

　　女真人于 1644 年入關，當年從遼沈一帶進入山海關的女真人才十幾二十萬人，於 1911 年大清皇帝遜位的時候，北京到底有多少滿人？皇太極把女真族改稱滿族，事隔 100 年，我對滿族人，尤其是（八旗子弟）的現況，有很大的好奇心。我們一上計程車，我猜想駕駛員就是一位滿族人。他提（市區）一詞，我問現在不說（城裡、城外）了嗎？他說，一出復興門就是城外，城裡只有一小塊，皇宮群、中南海、北海、後海、北京飯店、王府井大飯店……，原來皇帝、皇族及禁衛軍住紮的地方。現在多說內環、二、三、四環。唐拉雅秀酒店處在二環跟三環中間，我們步行到內環的北京飯店吃晚飯，也沒多遠。

　　他要帶我們到昌平中央財經大學，路遠，需約一個鐘頭。他說他是二分之一的滿族，母親那邊，在前朝，原來有三個院子，才幾千塊大洋，被迫賣掉二個，一大群人擠住最後一個，才 400 平米，還是因為家裡有幾個國民黨軍官，才得以保住。沒有工作，只在胡同裡糊些紙呀什麼的，一個月幾十塊錢，總算還有飯吃。看來沒有前途，悲苦，有人忍到孩子大了些，有些謀生能力了，便提前走上黃泉路。國破家亡。

他不說，但從談話中可知，其實他父親也是滿人。別說皇族，當年有些身分的八旗子弟也不跟外族通婚，唯蒙古人例外。當年西太后倚為股肱的蒙古親王僧格林沁自帶最後一支皇家騎兵隊，東突西奔，歷五省之地，於 1865 年因追剿稔匪戰死山東，自此努爾哈赤皇朝已無本身的武力。再拖個四十餘年，袁世凱平和拉下滿族皇帝。

正因為不跟外族通婚，他們有了（本族）的身貌特徵。清廷倒塌的時候，並非所有的滿族人都坐困北京胡同，有能力的人先後四出各地。早年有一位在台大及東吳教授海商法的桂裕，清秀、白皙、文質彬彬，有一年生日，陳水扁總統還替他作壽。馬英九身邊的金溥聰（金小刀）是滿族，歷任國民黨要職的關中，說是滿族，看來更像蒙古人。

2006 年我們自助旅行，大街小巷，安步當車，我感覺滿族原居民已漸復甦，工作遍佈北京各地各個處所。初始有人希望在身分證上，改滿族為漢族，現在也不想改了，還有人自己說他屬（漢滿族）。臺灣身分證根本不顯示族裔，也不提（籍貫），只說（出生地），明文一些，減少族群間的摩擦。

　　開車的師傅說，計程車駕駛員清一色的當地人，外人拿不到證照，這就有點（地方保護）的味道了。我家女性正迷上各種小玉器，在潘家園流連大半天，一位秀麗的珍寶店女主人，請我們吃了正宗的北京豆腐包子。我覺得北京比上海、廣州更耐人尋味。

2014.9.23

62. 京師大學堂／北京（六）

悠忽兩年，又到北京，這回是送孫女兒上北京師範大學。1889年戊戌變法，開辦學堂，兼習中西學科，七月于北京創辦京師大學堂，1902年增設師範館、農科等七科，後來分析為北京大學、北京師範大學、中國農業大學。我們住進學校附設的京師大廈 Hotel，就在校園內，北師大國際學術交流中心的樓上，一出 Hotel 後門，便是學校運動場，再走幾步，便是物理系與天文學系共用的大樓，我孫女兒讀天文學系。無意間，我闖入北京人的核心區塊，一住四夜。

孫女兒要讀天文系，或者海洋系，好高騖遠？她在北師大和臺灣西子灣中山大學的海洋科學系之間遊移了好一陣子。那一天，我女兒帶著孩子，早上從臺北開一輛休旅車南下，在台南，應她外甥的要求，開啟 GPS 地圖，尋找那一家著名餐館，前面 100 公尺前路口左轉，又 300 公尺紅綠燈處左轉，逢橋再左轉，咦，那不就在現在所在位置的近旁嗎？沒有呀！總之，折騰了一個多小時。在開車 500 公里後終抵達中山大學，天已黑，又下著大雨，幾個人大包小包的提著準備長住的行李，想衝進宿舍，才幾分鐘，個個都已濕透。媽，我要讀北京師範大學！直到此刻，她似乎才下定決心。

　　她從小在蘇州長大，說是臺灣人，毋寧更像蘇州人，要好的同學也都是蘇州人。說來難以相信，一進宿舍，居然就碰到一位近鄰，同住獅山路名城花苑的一位漂亮女生，也在今年入學，也讀天文系，之前不相識，有緣北京來相會。

2016.9.16

63. 白紙墨蹟／北京（七）

　　住進京師大廈 1407 室，翻開行李箱，一抬頭，一幅字畫就在眼前，漂亮的嘞！再一看，是啟功，書法大家，元白居士的墨寶。（1989 年農曆元月 15 日元宵節（己巳上元），正是初春最寒冷的時候，開凍硯，燈前，爐畔寫荷花，吾年屆第七十八歲矣，啟功並識于浮光掠影樓。）簡單幾筆的荷葉荷花，深淺濃淡，畫出了距離感，立體化了。黑字娟秀。是真跡嗎？聽中餐廳的女經理說，整幢京師大廈裡的諸多啟功字畫都是假的，精細複製的，或者是學生們仿的，如是真的，豈不連牆壁都會被人敲破？

　　啟功（1912－2005 年），北京人，滿族，曾任全國政協常委，中央文史研究館館長。其實，依我看，他在北京師範大學的教授寶座才是他的根基所在，他站在傳統文化內圈中的中央位置，功力好，人緣好，於是眾星拱月，成一代大師。臺北的溥儒，字畫秀麗，也是皇族出身，誰叫他跑這麼遠！現在看來，臺北有成為傳統中華文化的邊陲之地的可能。于右任，他寫的字更動人，但依北京朝廷觀點，他屬（藩部），是回族吧！更何況他是國民黨，被冷落了。但再隔 100 年，排名順位料想可能變動。

　　如果談油畫，那我的感想就多了，徐悲鴻、林風眠、顏文梁、還有在海外成名的趙無極、潘玉良以及臺灣的廖繼春、楊三郎等人。以油畫來說，北京可不算是中心地，徐悲鴻有其美術教育史上的重要地位，但好像沒留下真正的好畫，最後，須以作品論高下。

　　妻女愛逛玉市，常流連忘返。我也看中幾塊和田玉石，想用來壓書，但她倆不想讓我買的樣子，算了，身外之物。

2016.9.17

64. 女生宿舍／北京（八）

　　12 日夜晚，她們從臺北匆促趕回，翌日午前抵達北京師大，補辦註冊，15 日開始中秋節的連續 3 天長假。我、我女兒、我孫女，三個人當中誰最喜歡這家（京師大學堂）？我說是我女兒，我女兒則說是她老爸。

　　是專程送她來入學的，怕她再變卦，她曾說，她想重讀一次高三，看看能不能再多考幾分，進入南京大學。她們祖孫三個女人進入女生宿舍，我一個人獨自坐在宿舍外的石垣上等候、觀望，久等不厭，有許多年輕的女孩子進進出出，有提大壺熱水瓶的，有邊走邊吃那種（不中不西）的大塊捲煎餅的，容貌體態與衣著都不一樣，看來來自全國各地，甚至海外，我先前還以為師大的女生老氣，不會呀，她們顯然聰穎、秀氣，大多透著一股莊重。校園裡有一塊啟功書寫的（學為人師、行為世範）黑色校訓石碑，學生不一定想當老師，但知道這裡是培訓教師的重鎮。我們陪著她在校園內外活動，五天四夜，看她心意已定，終住進宿舍，最後她在宿舍窗口向我們揮手致意，我們才離開北京。

　　在北師大獲有文學碩士學位的莫言，近年他常跑臺北的臺灣師大，他說兩校（系出同源），而後者更多一點自由氣息，更適於創作。閻連科也隨莫言到了臺灣師大，他說他現年 55 歲，到 65 歲為止的 10 年黃金創作期間，他將只寫他自己想寫的書。我從 65 歲才開始寫東寫西，於今 13 年，我盼望我能寫到 85 歲，我想告訴閻先生，他應該還有 30 年的寫作生涯。

　　我在臺北的住家離和平東路的臺灣師大不遠，走路就到了，旁邊還有一條師大路，有師大夜市，雖沒有士林夜市、寧夏夜市熱鬧，也沒什麼特別的美食，但有不少有外國風味的咖啡館和速食店。北師大附近的小餐館多供應北方麵食，很大碗，口味重些。

2016.9.25

65. 李同學／北京（九）

　　相隔 15 年，當年的嬰幼兒，現在北京讀大學的高大青少年，與我們夫婦，同時回到我們臺北市臨沂街的老家，我們三人安靜相聚幾天，話不多，心中愉悅。他在等兵役簽證，我要他在家讀幾天書，溫習他被當掉的大一高等數學，他讀中央財經大學投資學系，他自己說的，怎麼好像在讀數學系？那個系屬理科。

　　阿翔讀蘇州實驗中學，初中高中都是，僅在高三那一年，轉學到靠近上海虹橋機場的華東台商子女學校。他的學業成績一下子落後，甚至於吊車尾，一下子又福至心靈，大步跳躍前進，名列前茅，劇烈起伏！我兒子讀臺北建國中學時，成績穩定，在升大學的模擬考試中，幾次都得極高的分數，但在最後的一關成績平平，未能考入臺灣大學，那一所中學一年有近 200 人可讀台大，但他無緣無福，他受挫傷心，我表面如常，內心也受侵蝕。

　　又隔 20 天，逢 10 月 1 日國慶長假，阿翔從北京回蘇州住家度假。一而再，再而三的丟手錶，打完籃球，急著回宿舍洗澡，阿媽買給他的外國漂亮外套多扔在球場，幾乎都丟光。這一回，他丟了學生證，沒能坐上高鐵，多花 1200 元再買一張車票，又買錯了，是從南京直接到上海，不靠停蘇州的班次，於是只好在南京下車，另外再買一張從南京到蘇州的車票。

　　與他結伴一起到北京火車站，要同車來我們家住四天的李同學，已早三個鐘頭到了我家。小李也高大，體重顯然多出七、八公斤。什麼，阿翔未滿十八歲讀大二，但他又小一歲！原來他從小五直升初一，資優學童。他家在四川成都，不讀西南財經大學、上海財經大學，堅持要讀北京的中央財經大學，中央財經部門的所在地。他將留美，要讀美國著名大學的博士學位，然後再回到北京上班，盼晉身中央財經圈，盼他有志者事竟成。按他的計畫，這一個長假便在江蘇省內活動，先跑到經濟繁榮的蘇州看看，再到南京，住到我家又可多瞭解一些臺灣事務。他一進門，便親熱的叫我阿公，叫我老伴阿媽，我們也當他是自己的孫子，引以為榮。國慶長假的第一天，周圍靜悄悄的，且說說些自己的家事。

66. 牽手北京街頭／北京（十）

　　三人吃過晚飯，慢步走在北京街頭。相距幾百公尺而已，前面就是孫兒就讀的大學，老夫婦投宿的大酒店在其旁邊。阿媽與孫兒並排走在一起，她自然而然的伸手牽他，他讓她拉著，男孩子身材高挑，阿媽只有他肩膀高，又是個老婦人，別人看不出來，是誰牽住誰的手。三人同行，暮色茫然。

　　她牽著他的小手，在臺北街頭學走路，她小心翼翼，防備著不讓他跌跤。倏忽已二十年。

　　他書沒讀好，因無及時資訊，也不知如何選課、補課，困處宿舍，正在發愁。昨晚她聽見他們母子正在講電話，聲調高昂，是在吵架了！祖父母連忙趕來，探視身陷窘境的那一個大男孩。

　　慢步走來，三人在學校門口停住，阿媽問孫兒住那一棟宿舍，幾樓？那一間？她想進去看看，也幫他整理一下床鋪。他不敢說不，但就是不願帶路。阿公伸手牽住阿媽，走回自己投宿的旅舍。

2017.09.27

67. 競爭╱北京（十一）

這孩子自以為只是暫時受困，不知其實已身陷險境。如果沒有及時而至的指引和扶助，他恐怕會被這所大學退學，一退學，會有更多的麻煩和辛酸尾隨而來。

我這一趟北京行，距上一回，只不過一年時間，（場合）不同吧，發覺北京已成一個過度競爭的地方，人人爭先向前，唯恐稍遲一步，便會被人踩踏跨越。名為追趕（效率），實為追求個人利益的極大化！先個人，有餘裕，或看顧別人，然而照顧自己已來不及，那管他人！先把餅做大，好讓大家多分一點？明明地球只有一個，早已開發過度，再挖深一點，射高一點嗎？豈不摧殘更甚，自殘更快。

事前不知道會跟輔導老師談多久，盼多談，儘量詳細瞭解各種狀況。已瞭解了基本的情況，有些細節，須這一個孩子自己再分別去跟授課教授談。馬老師十分熱忱，我滿懷感激，這時刻，她就是他最大的（靠山）。

從新校區回老校區，再到北京高鐵（北京南）站，路程六、七十公里，那地方偏遠，叫不到出租車。人在蘇州待命的女兒，她轉請上海（攜程）旅行服務公司調車，才幾分鐘，我手機響了，（施先生，我是……，白色的別克，車號……，已在校門口等你上車）。

　　駕駛員是一位年約 40，有一個 11 歲女兒的媽媽，她看到我們，她心中先有一個問號，這一對老年夫婦，是為孫子的事跑來北京，他的父母呢？她婆婆當年堅決不幫他們帶孩子，她說（一代帶一代），她不管孫子，她退休後，不做一個撫養幼嬰的阿媽，她要享受自己的中老年生活。她有錢，穿金戴玉，活得起勁。公公一過逝，她很快愛上一個年輕男子，要結婚，靠！他小她三十多歲，只比她老公大兩歲。還有一個親戚當著他們的面說，祝他倆早生貴子，給他丈夫生個小弟弟，這一位駕駛員聽了當場氣爆，她說她同她當場（幹）了起來！四年後老少配離婚，老的說，他們是（和平）分手，她給了他一棟北京的值錢房子，一輛汽車，外帶一把現金，年輕的媳婦一聽，又當場再（幹）一次！和平分手！給他一大筆（財貨）！不是減損了她們應得的東西嗎？就憑她是清華畢業的！我都氣瘋了！老婦人今年 68 歲，開始想要天倫之樂，她買了東西來送她的孫女兒。我女兒跟她不親，我女兒問我，她怎麼跟一般的老奶奶不一樣，打扮得像一個老妖怪！我說，因為奶奶錢多，因為她是清華的。可是，猶豫了一會兒，我告訴我女兒，以後你也考上清華好不好。

　　有一位古時候的西方著名哲人曾說，奪妻之恨、殺父之仇，都會日久漸忘，唯獨奪財之恨最難消解！她認為她婆婆不該把財產贈送給那一個不匹配的男人。又，經過激烈競爭，方得以進入名校，在校時也很辛苦，這會造成一個人與平常人不太一樣，自行其是，不顧別人的觀感，她說。

2017.9.30

68. 離開北京／北京（十二）

　　（已上了高鐵……，）阿媽低聲告訴我，我立時高興起來。才隔 20 分鐘，我聽到門口狗叫，依稀還夾著他的聲音。是的！他回到家了，是上了蘇州地鐵，不是北京南站的高鐵。一身短褲、花襯衫，清涼的海灘裝，此時北京、蘇州、臺北都一樣悶熱，不時夾雜著細雨、雷雨，偶而還帶幾粒小冰雹。還有一頭年輕的時尚髮型。一個月前，老伴曾告訴我，那一個在北京上大學的孫子，說是不想回家了，寧願繼續留在北京打混！看到他終於回家，還帶回幾箱舊衣物、以及書本，我們安心了。

2019.7.6

69. 取捨／北京（十三）

　　自北京歸來，大男孩一身清鬆，只隨身攜帶一隻小拉箱，但隨後托運到家的行李，竟多至七、八個大紙箱。阿媽一邊整理，一邊嘟囔，這些破爛被褥帶回來幹嚜。有一條牛仔褲，比當年紅軍、八路軍穿過的還要破爛。對了，十多年前，他讀蘇州外國語小學時，有一天，他回家時穿著一條稀巴爛的長褲，說是同學們互相剪來剪去，回憶當年八路軍的艱困。對了，小四的時候，他參加過一團二十多個人，到加拿大多倫多寄讀當地小學的留學團，半年後回來的時候，面黃肌瘦，皮包骨。帶隊的老師們一致評定，我那外孫成績第一，不哭不鬧，最能適應陌生環境，還結交了幾個加拿大的頑童朋友。

　　完成大學階段的生活，帶回一大堆破舊衣物，而今，他須重新開始，就像他當年到北京讀書的時候，（行李）甚少一樣，他須（輕身）赴任，踏出他人生的第二階段。祝福他。

2019.7.13

70. 相　聚（一）

　　2019 年 2 月 4 日，戊戌除夕日，時近中午，陽光乍現，天空明亮起來。電視記者們在菜市場裡巡訪，在擁擠的蔬果、魚肉鋪和南北各雜貨店間轉來轉去，尋找年節喜樂畫面。

　　（今天還不休息，除夕日還出來賣早餐）有記者看上她，（閒著沒事，不如跟平常一樣，賣三明治）她嫣然。是她！快 70 歲了吧，依然美麗，也一貫的在燦爛笑容裡帶有一份羞澀。

　　只是不知不覺間，我們相聚的次數漸少，終至斷絕。悠忽已三十餘年。

2019 年春節

71. 羈旅東京／相聚（二）

　　他來的次數越多，週五晚上來，投宿忠孝東路的 Lai Lai 大飯店，星期天晚上的飛機飛回東京。他請她約她母親一起吃飯，送她禮物，到她家喝茶。她終於帶著兩隻雪白的哈巴狗嫁到東京，老太太以這位在東京行醫的日本女婿為榮。

　　她說她寧願住臺北，她想回家，但媽媽不高興，她媽媽說，像他這種夫婿有什麼好嫌棄的！每回她提離婚，她母親就心中難過，甚至生起氣來。過了許多年，她母親過逝，已無人攔阻，她離婚回到臺北。

　　她熟門熟戶的，帶臺灣人旅遊日本，後來也在東京當起（地陪），接待中國遊日團。住在日本的時間又多起來，比在臺灣長，她說她沒說過不喜歡東京。

　　早先她當導遊，最怕中國旅客（跳船）脫走，招來麻煩，現在不會了。去年 10 月日本首相安倍晉三再一次訪華，他說感謝一年有近 800 萬中國人光臨日本。我知道有許多大陸人更想來臺灣看看，但手續繁雜，申請不易。

2019 年春節

72. 圍爐／相聚（三）

（下次有這類活動，你就不要參加好了！），一位讀高中年齡的大男孩，低頭不語，他在生悶氣，我沒看到他的臉。她更生氣，但掩飾著心中的不滿，語氣力求平和，我掃瞄了她一眼，看似一位成功的中年職業婦女。

他們一家人也來到此地，外型有如一大塊璀璨大玉環的一座湖濱大酒店，吃一頓豐盛年夜飯。如果幸運，第二天早上 6 點 48 分，還可以看到太湖東岸初一日出的太陽。

一臉的倔強，不看人，不吃不喝，他母親一直哄著他，但不得緩解，她帶出他，提前離開一家團圓的長桌，送他先回他的房間。

既是母子，來日方長，惜相聚不如不見。或許她前輩子欠著他，或有 DNA 的問題，如輕度的自閉症，他不想跟著他母親，還有那班親戚。

2019 年春節

73. 爆竹／相聚（四）

今日是初五，靜悄悄的，從午夜十二點到現在十點許，未聞一聲爆竹！不開門迎接財神爺了嗎？我居住的蘇州新區精華區，寂靜無聲，已被層層大樓攔阻了吧，連寒山寺的夜半鐘聲也聽不見了。

那幾年，雖消防隊一再警告，衝天炮整夜在窗外火紅流竄，銳屬的聲響震耳欲聾，一夜下來，院子裡各種爆竹殘屑堆積如丘，掃了又掃。

是發財的大爺們在相互比賽，看誰的更高更響，十萬八萬的只當做好玩，今年賺了點錢，盼明年更旺。如今，（富燒香，窮算命），不再到西園寺拋灑冥錢，不再在社區院子裡放肆放炮！親友們相聚在家，喝點小酒，玩玩小麻將，今年爆竹不響。

2019 春節

74. 在金門團聚／相聚（五）

　　排長不能回臺灣過年，部隊裡接待他父母妻子來到戰地團聚，也順便旅遊金門。排長心存感激，他父母更淚含眼眶。一眼可辨識的當代臺灣青年，一身種種形貌特徵，也不必開口說話，就知道他可不是什麼（龍的傳人）、傳說中的（炎黃子孫）……在他奉命防守的區塊裡，如有心懷敵意的人群來犯，他必不逃避，寧（死路一條）。

2019 春節

75. 長春路／相聚（六）

在臺北能看到各國電影，小放映室裡，特別是在下午場，往往只有幾個觀眾。能老遠賣到臺灣來的電影，未必受眾人喜愛，卻常有特殊引人入勝之處。我常去的長春電影院，就在松江路與長春路的轉角處。

眼睛一亮，我看到一位已暌違六十年的女同學。劉荷鄰！我輕聲喚她，她沒聽見！她是我讀大學一年級時的同班同學，我們曾相約看電影多次。跟我同歲，已八十了，怎麼看來只有六十歲，再看，走路的樣子、膚色都好，臉上一派安詳。她還在上班嗎？對了，她在二年級時轉到會計系，北一女畢業的，很聰明，當了會計師吧？臺北的幾家大會計師事務所，有員工上千人，部門很多，或許她在某項業務上有深入的專業理解，故其職位別人難以替代，於是在豪華辦公室裡安坐一隅，仍支領高薪，過著愉悅的晚年。她不是一個人來的，有一位中年的美貌婦人陪著她，不像是她女兒或媳婦，我猜是她辦公室裡的一位助手。

劉荷鄰！我把聲量放大一些，再喚她一次，她還是沒聽見。我目送她走入另一間放映室。別來無恙，豈止無恙，還亮得很呢。

2019 年春節

76. 在蘇州過年／相聚（七）

父母都是高明的執業律師，她聰明用功，人也長得漂亮，但作風實際，為日後的就業考量，她選讀南京審計學院，果然學校一畢業，便成為一正式的財稅官員。又不久，舅舅出手拉拔，調來全江蘇省薪資最優厚的蘇州工業園區工作。她一到蘇州，她爸爸也及時為她在當地買了一套房子。

過年了，至親好友今年要在蘇州相聚。奶奶、姑姑帶來大量的新鮮豬肉、大塊的排骨等肉類，鮮紅的，她一看，暈倒，不但不喜歡，簡直是發怒，說那些東西不准放在她的新住家，統統都給我帶走！相聚不歡！姑姑、奶奶黯然提早回蘇北老家。是自己親孫女，甥女，心中惱怒，但臉上還得裝出笑容。

2019 年春節

註：在大陸，同工不同酬，且差距不小，政府官員、工商銀行行員、公立學校老師等等莫不如此，難怪人人都想向富裕大城市擠。

77. 老朋友／相聚（八）

1992 年我來蘇州投資，之後常常來，都住旅館，半年後，經人介紹，移居新區的環保學院，即現時蘇州科技大學的 10 號教授樓。我與當時的創校校長姚炎祥先生一見如故，常一起喝茶聊天，偶而也一起在學校餐廳吃飯。

多年後，農移民工的工資明顯上漲，還缺工。環保的要求趨嚴。地價也漲，且取得不易。在大陸經商的相對優勢漸失，不論台商、日商、韓商都有人撤出，或撤往東南亞國家，或回家。當然，也有人就地倒閉！

2018 年 7 月開始，美國川普總統對來自中國的商品陸續分批課征過高的關稅，中美間爭執日趨激烈，（親中）的外商入境隨俗，接受中國的習俗與法制，能跑的則撤出大陸。

整理舊文檔，找到一張 20 多年前姚院長的舊名片，我聽說他退休後在寒山寺當顧問，試著給了他一則短信，他迅即回復，說（老朋友，多年不見了，也很想你）！他仍保有少年人的心境和熱情。

2019.7.14

78. 寒山寺／相聚（九）

　　根據寒山寺方丈秋爽大和尚在《金剛般若天下行，臺灣佛教聖地記》一書所撰的（序一），他曾在 2006 年請姚炎祥先生組建寒山寺文化研究院，姚院長婉辭，說他是工科出身，于文化、於佛教所知者甚少。又一個偶然的機緣，秋爽和尚又對姚先生說，佛法是心法，六祖慧能大師不識字，照樣開悟並開創禪宗之南宋。所以世間所貴者：善用其心。於是姚院長便接受了，2007 年他出任寒山寺文化研究院的創院院長。他不算佛學碩彥，但卻是一位文化的開創者，姚院長任重道遠。

　　2014 年 11 月 19 日至 29 日，蘇州寒山寺組隊參訪十處臺灣佛教聖地，其中的一處是位於臺北市濟南路的華嚴蓮社。華嚴蓮社前住持，現為蓮社董事長的賢度法師獲印度德里大學哲學博士，是一位佛教哲學家，曾應邀到大陸北京大學、山東大學及美國、奧地利等多個國家講學。就在同一年的五月，賢度曾率團來到蘇州寒山寺參訪並拜會秋爽方丈。兩大名寺相互交流。我臺北的老家在臨沂街，與華嚴蓮社近在咫尺。常見有長相聰穎的比丘尼出入其門，她們是佛學研究生，裡頭也有自大陸的留學生。

2019.7.26

79. 法門寺／相聚（十）

1989 年春天，我去過一次，去年冬天，我重遊西安，睽違已 30 年。秦始皇兵馬俑好像沒什麼大改變，新的法門寺則讓人心動。寺內工作人員彬彬有禮，把每一位到訪的遊人都當尊客。你捐一點錢，他們以精緻有如文創作品的編織小麻袋，滿盛五穀回饋與人，還附帶一塊糕餅。

我常到臺北松江路的行天宮，既叫宮，便知道是道教的宮廟，裡頭供奉媽祖，也奉祠玉皇大帝，當然也膜拜釋迦摩尼佛，各方神聖、神仙團聚一堂，相安無事。這也是臺灣的特色之一，兼容並蓄，多彩多姿。

人到行天宮，只求一事，請道姑們（收驚）。長長的人群，肅穆排隊，輪到你，低聲說出你的名字，道姑帶著一根線香，請來神祇，靜默為你解除心中的傷痛，讓你安眠入睡。

2019.7.27

80. 貓（一）

　　來到莫斯科，旅程中的第四站，輾轉找到早已租好的房子，此後一個月的棲身之處。環顧四鄰，還好吧，進到屋裡，簡單舒適的樣子。一邊整理房間，一邊把隨身的衣物、書籍，逐一吊掛，並擺置好。慢慢的，我也擁有了幾冊法文、德文以及俄文圖書。

　　突然想起，進房子前，有一雙注視的眼睛，在向我探詢，盯著我哪。我輕輕推開房門，轉頭一看，牠依然等在那裡！一隻花色斑駁的長毛胖貓，我趨近，牠溫柔的喵了一聲，好吧，進來吧，牠一聽，起身緩緩走入房間。我抱起牠，乾淨、溫順，善解人意。我揀出一件舊一點的衣服，折成一個睡墊給牠，與牠相伴一個月。

　　逛過各大美術館，喝過幾次咖啡，見了幾個早先約好的人，也與幾個新朋友交換通訊處，我開始打包，將奔赴下一站，牠動也不動，凝視著，看我整理行李。我告訴牠，後天上午，我要離開此處了，喵了一聲，牠緩步走開，我喚牠，牠不回頭。牠早我走一步，讓我一個人獨宿二個夜晚。

　　　　　　　　　　　　　　　2014，三月草長

81. 靴／貓（二）

　　你這雙短靴，式樣、顏色都漂亮，好像粗粗的，其實很精緻。去年冬天就穿的吧，二年了，還這麼挺。哪裡買的。

　　看完《橫山這一家》，走出電影院，右轉，去長春眼科診所檢查眼睛，半年一次。路過一家鞋店，隔著玻璃看見一雙厚實的牛皮半筒馬靴，俊俏的咧，擺設在最顯眼的位置上。推門進去，沒人，我一邊輕聲說，（可以試穿嗎？）就逕自取下，套套看，寬鬆些，但要穿厚毛襪，算合腳。二隻都穿上，走兩步，好像連人都挺拔了些。這才注意到，她默默的在一旁觀看，一位美麗的中年婦女。她沒自信，定價很便宜，這雙靴子貴三倍我都會買，掏出信用卡，她說，施先生，你就付現金吧！我嚇了一跳，她認得我！趕緊改付現金。給我一個簡單的提袋就好，不必裝盒子，她不依，她說，愛鞋子的人，費時設計的的一雙好鞋，她喃喃作語，一邊找出一個相稱的好盒子，裝好，傳遞給我。

2014，三月草長

82. 貓（三）

　　昨天我路過學校後面的巷子，看到一窩小狗，有黑的，白的，好可愛，我想捉一隻，卻躲進石牆縫壁裡，母狗又守在一邊警戒。

　　那時候，我湊足所有的錢，7500元，買了一隻漂亮的小狗，洗好澡，吹乾，我讓牠上床，那曉得牠一下子撒了一泡尿，就在我男朋友的床位上，他氣得要死。

　　我們決定要生個孩子，不可以再養狗，我的免疫力又一年不如一年，只好把牠送給別人了。吵了又吵，經過兩年，我男朋友終於棄我而去，那時候，我好想死。

　　送出去的狗已成別人的寶貝，怎能要回來。你買一隻新的給我，阿好？

2014.4 繽紛

83. 貓（四）

　　這一檔畫展都快結束了，畫廊裡的那幾個女孩子，她們多半是美術系畢業的，看了又看，仔細琢磨，已替那 20 張畫排好排名。

　　我一到，我一眼就看中那條紅色的惡狗！她們幾位一下子愣住，面面相覷，好一陣子說不出話來。那張畫，那一條紅色怒狗的真主出現了！牠挨到最後一刻，原來在等待他的到來。

　　20 年後，畫家編輯他的重要作品集，一再追問那條紅狗的下落，她記得他。

2014.4 月繽紛

84. 貓（五）

　　一連幾天，看牠蜷縮一團，動也不動，飯也不吃了。輕拍牠，睜開眼，眼神散渙，叫牠起來走走，身上沒傷口，不瘸不拐，只是慢，非常遲緩，已然喪失元氣，生命正在快速流失。牠鼻頭上有一塊黑斑，就叫牠（黑點）。

　　黑點來到我家，生過三窩小貓，小貓再生小小貓。初生小貓斷奶、出過麻疹，原應各自離去，但仍有五、六隻貓賴在我家，搶吃黑點的食物，黑點不忍驅離。他們半是家貓，半是野貓，夜晚到處遊蕩，不在家裡睡覺。

　　一個寒冷的夜晚，黑點在我臥房窗外哀叫，趕牠不走，我只好披件厚衣起床，跟著牠，我來到一個隱僻污穢的角落，有一隻小小貓，黑點的孫子，身陷險境。媽媽不理睬，祖母心疼不已。我用力扳開一塊石塊，奄奄待斃的小貓才得脫身。

　　有一回，有隻小貓狂躁不安，亂叫亂竄，黑點也急，在旁觀注。我趕快找來一個大紙箱，鋪件舊衣，把那兩隻急貓塞進箱子裡，箱子上押置二部厚重辭典，並移往光線黑暗的儲藏室裡。不一會兒，安靜下來，一個鐘頭後，當我打開紙箱，一前一後，祖孫都跳了出來，箱底留下三隻早產的貓屍。

　　黑點臨終，剩一口氣，有二隻小貓過來看牠，嗅一嗅，有一隻還挨著牠躺了一會兒。我喚牠，就在家裡嗎？要不要另找一處彌留之地，平常你是在那裡睡覺的？牠似領會，慢吞吞的走開，再沒見過牠。

2014.4.22

85. 輪椅／貓（六）

回屏東老家，陪伴坐輪椅的父親幾天，第一天夜裡，他聽到也看到他父親起床，走進廚房。作醫生的他，吃了一驚，原來他父親還能自己走路，連拐杖都不需要，年近九十的老人家說，他突然想起正在煮一鍋稀飯，忘關瓦斯，趕緊起床關火。沒有，廚房裡沒有慢火熬煮中的稀飯。只是，他還能自己走路，為什麼不肯走。老家也住著一隻老貓。

2014.5.6 臺北梅雨

86. 去年聖誕節／貓（七）

　　媽媽長時住宿臺北鬧區一家醫院，曾是烜赫一時的貴族醫院，逐漸退色，淪為富裕老人的最後棲身之處。有一位未婚的印尼女孩伴住，她活潑，愛講話，陪媽媽看臺語連續劇，也上 FACE BOOK。

　　臺灣年輕人就業困難，低薪，僅夠基本生活，難怪喜歡上街抗爭，甚至衝入國會殿堂，不久前，曾佔領立法院達 24 天之久。子女不告訴她，雖已 98 歲，腦筋仍十分清楚，她清楚，她一個月的用費是多少錢，那些錢可抵好幾個年輕人的月薪，能維持幾家窮人過活，她常歎息，已住在那兒太久了，已三年又半。我告訴她，再住 20 年，我進一步告訴她，她沒花用她兒子辛苦賺來的錢，她用的是她自己的錢，她老伴留給她的養老金，寄存在她二個兒子的錢袋中。

　　子女眾多，又住市中心，來探望她的人可不少，病房裡備有足夠的水果、糖果。媽媽要每天喝咖啡，印尼女孩安妮也跟著上癮了。對了，我親生母親很愛吃冰，九十多歲的時候還吃冰淇淋。

　　安妮，有沒有人給你加班費？沒有耶，於是我給她一點錢，看她一臉高興。我常住蘇州，一年只回臺北二、三次，她盼我常來。

　　大舅子有三個男孩，老大、老三大家都認識，夾在中間的那一個，親戚們多無印象。去年十二月，聖誕假期，老二與新婚妻子在臺北圓山飯店補辦一場婚禮，我從蘇州專程趕回。老二高大，常年住美國，長得像個外國人，居然是加州大學的電機博士，擁有二件專利。太太是柬埔寨人，住過難民營，被安置移民美國。我瞧了又瞧，告訴新郎，新娘有幫夫運，祝他們事業成功。新郎聽不懂我的祝福，我那大舅子喜滋滋的幫忙翻譯。

　　媽媽一再拒絕，最後同意出席婚宴。二舅子，他妻子及安妮從旁協助，買合適的新衣、新鞋、設計髮型，由安妮主推，坐輪椅上了圓山大飯店，看來她們都有出自內心的愉悅。安妮緊挨著媽媽，有如親生孫女兒。

2014.5 臺北梅雨

87. 貓（八）

　　想買鞋子，逛百貨公司，進入一間明亮廁所，小便後到盥洗台沖個手。瞥見有一個人在沖洗什麼？瞧一下，有一位年約 30 歲的男子，抱著一個二歲左右的小女孩，猜想是他女兒，快手快腳，正在沖洗她便溺弄髒的身體，爸爸的大手在她股腹間摩挲，碰到癢處吧，她發出幾聲笑聲，洋漾一些春意。

2014.5 臺北梅雨季

88. 貓（九）

　　Amy 與她那一位身材高大的加拿大男友已廝混3個鐘頭，還喝了二杯調酒，情緒高漲，都快按奈不住了，他們借用了小彭在附近的租屋。第二天，日照窗簾，David 先走一步，上班去了，Amy 繼續慵睡。已輾轉一夜，不得安眠的小彭，竟推門而入。Amy 迷迷糊糊，願再玩一陣，她突然驚覺，（尺寸不對）呀，睜眼看清楚，原來是小彭，不是大偉（David）。她不依，不怕出醜，硬要捍衛她的身體自主權，鬧得街坊皆知。David 不樂意，離她而去，小彭在官裡（飾詞狡辯），說她自願，至少是（半推半就）。清官難斷家務事。

2014.5 月臺北梅雨

89. 檳榔刀／貓（十）

　　愛爬山的阿明，隔一座山，娶回一位美麗的新娘。山地小村落，村人沒見過這般美女，大家都感興奮。結婚那一天，人人多喝了幾口小米甜酒。阿雄覬覦美色，心懷不軌。

　　先是較小的飛機，後來換來龐然大物的美國 B29 重型轟炸機，每天按時報到，老遠的，便會聽到令人害怕的低沉嘶吼，只是路過，不在這裡扔炸彈，但村民須躲進樹林裡有如墳墓的防空洞中。壯丁須集合，由那個嚴屬的日本巡佐帶隊四處巡邏。

　　天還沒亮，又來一次演習。巡佐哨子急吹，眾男丁奔門而出，阿雄守在一旁，賊眼窺視，一見阿明出門，一下子便潛入他家，上床，抱住了新娘，她不明究竟，也不問，用力回抱，不對呀！怎麼動作特別粗魯、急躁，嘴裡還帶一股辛辣的檳榔味道，她使勁推開，那個男人竟順勢溜走，拉上褲頭，逃走了！她不知道他是誰。

　　巡佐再次集合男丁，一一點名。他下令眾男褪下褲子，逐一檢視下體，阿雄的男根還帶點濕黏，巡佐蹲下，趨近聞一聞，果然還有一股男女剛溝合過後的氣味。馬鹿野郎！巡佐踹了阿雄一腳，扣上手銬，解送上級定罪。

　　不久日本戰敗投降，軍警撤回日本本土，那批偷雞摸狗的囚犯都放掉了。阿雄還不死心，想睡阿明老婆，有一次還打傷了阿明。此後她隨身攜帶一把鋒利的檳榔鐮刀自衛，她曾割傷阿雄，鮮血直流，阿雄再也不敢了。

　　事隔 20 年，雖好色，但也熱心為族人辦事的阿雄當上臺中縣和平鄉鄉長。阿明夫婦努力耕作，越爬越高，種出臺灣高山茶，兒子保送到台中一中就讀，後來成了初中校長，孫子更進一步，選上省議員。那個地方山明水秀，男人挺拔，女人標緻，也都帶著一股悍氣。

2014.5.17

90. 長胖了／貓（十一）

　　她說 2013 年我 51.5 公斤，2014 年我明顯長胖，一年長 3 公斤合 6 市斤，10 年長什麼樣子。叫我運動，越打球越重。她舒展她二條腿，因坐第一排，可儘量伸長，可惜生得不夠長，她輕扭腳踝，退掉軟鞋，是不是學過芭蕾，有些韻律。來一個大轉身，整個身體靠過來，我寧願結實一點的，不欲軟香滿懷。

　　經濟不景氣，少了大魚大肉，也不再喝紅酒如喝白開水，但好像人人都在長胖，男女老幼皆然。陶太太說，你家這條狗狗，好像沒長胖。我家黑白狗越老越會撒嬌。帶牠散步時，對快跑或騎車快速通過身旁的人，會狂吠追趕，大家都說（凶的咧），牠沒長胖，（爆發力）一如往昔。

2014.9.19

91. 爲富不過三代

聽（阿萬茶樓），那一位嗲聲嗲氣，說得比唱的好聽，有一肚子歷史典故，也擁有極多粉絲的佟老闆說，（為富不過三代）是因為（家風）不好，或者根本沒有家風。嗯，或許對吧。

人口眾多，農地有限。我剛來蘇州的時候，得知平均每一位農民僅擁地0.7畝，農地是農民賴以生存的（東西），是汗水、鮮血，也是糧食乃至（生命），所以親兄弟或堂兄弟之間，可以為三尺地爭得頭破血流，有人還寫千里家書，向遠在京城當大官的親戚求助或告狀。農業社會，土地也幾乎是唯一的財產，也極難併購，一個人就只能那麼多，你比人多，那多出來的就是（不義之財）。

如果一個人，因當了多年大官，或因其他原因，難得累積擁有了100畝農地，成了（大地主），假設他有3個兒子，3×3=9，有了9個孫子，平均一分，每個孫子只剩10畝地，仍是富戶，但孫子的孫子們，則恢復常態，一人只有一畝。所以在工商業並不發達的時代或地區，所謂（為富不過三代），是自然規律，無關家風好壞。

（富）也得擴大解釋為富貴，最有權勢最為富貴之人，自然就是皇帝。愛新覺羅·努爾哈赤以及皇太極以及他們的眾多子孫們，建立了大清帝國，從 1616 至 1912 年，他家一共傳了十二代，每一位皇帝都努力讀書，認真工作，家風很好。最近有人還著書立說，說現代我們所說的（中華文明），便是由這一家源自東北的滿族統治階層新創出來的。

朱元璋及他的兄弟、子孫們建立了大明帝國，從 1368 至 1644 年，傳了 17 代共 277 年，朱元璋生性殘暴，發明了不少殺人的新方法，末代的崇禎皇帝朱由檢昏庸無能，大抵而論，朱家家風不好。第三代的明成祖朱棣則是一位了不起的大皇帝，他 7 次派遣鄭和下西洋，創世界航海史記錄，他在位的 23 年永樂期間，文化、藝術燦然大備，現在如果那一個人擁有一件精緻的永樂年間官窯瓷器，只要有一件，說不定能賣好幾千萬元，就算是富戶了。

2016.8.22

92. 清末巨室

　　翁同龢蘇州府常熟縣人，咸豐狀元，光緒皇帝倚賴的老師，屬維新派，兩次入軍機處，兼總理各國事務衙門（今外交部），他是清末愛新覺羅滿族皇家敬重的漢人學者。1898 年戊戌事變（百日維新）失敗，被西太后逐出朝廷，回老家讀書。翁家（耕讀傳家），他們家族很會讀書，出過幾位狀元，不當官的時候，便回老家當富農，富農而已，不是什麼大地主，一邊自己讀書，一邊教養孩子辛苦讀書，反覆參加科舉考試。二十多年前我來到蘇州，我想參訪翁家故居，但朋友告訴我，沒什麼（好看）的，是否翁家（為富不過三代）？他家品德高尚，家風優良。

　　跳過曾國藩，且提李鴻章，他是淮軍創建者，洋務派領袖人物，長期任直隸總督兼北洋大臣，掌外交、軍事、經建工作。興辦江南製造總局、上海招商局、開平礦物局、上海機器織布局等，還有，他的北洋艦隊，那時候，那一支大艦隊，其船隻數量和噸位，並不比東瀛的東鄉平太郎的聯合艦隊遜色，不幸一經接戰，竟潰不成軍，1895 年他具名簽下《馬關條約》，丟了臺灣。之前 10 年，李鴻章組建淮軍之初，便是淮軍骨幹之一的劉銘傳，於 1885 年成為第一任（福建臺灣巡撫），劉銘傳也是一位經建大將，在臺灣留下不少基礎建設，今天，臺灣還有一所銘傳大學。

　　長期的超級大官，大規模啟動中國工業化，建立新式海軍，李鴻章經手的國家財稅有多少？他無需聚斂，處在那種（公·私）不甚分明的時代，料想他是一位超級大富翁。他傳了多少代？經過整整 100 年之久，相信他的後人，在上海、蘇州乃至京、津一帶，還有不少富翁在世。

　　也稍提左宗棠，他先在浙江地區鎮壓太平天國勢力，再鎮壓青海、陝西、甘肅等地的撚軍和回亂，左大帥於 1875 年入新疆，1884 年，清光緒 10 年，清廷設置新疆省成功。李鴻章經營海路，左宗棠在西北地方埋頭苦幹，倆人一樣，都耗用了國家鉅額錢財，使皇家的收支捉襟見肘。他有一位能幹的（軍需官）胡雪岩幫他打理一切開銷，紅頂商人胡雪岩極盛之時，享有在紫禁城內騎馬代步的殊榮，可是，左相一去，老胡很快倒掉。左宗棠好像沒有什麼特別有名的後代子孫，胡雪岩則在杭州留下（慶餘堂）藥鋪，與北京（同仁堂）南北輝映。

　　　　　　　　　　　　富三代（二）2016.8.22

93. 臺灣人物

　　臺灣是多事之地，也是冒險家的樂園。1544 年，明嘉靖 23 年，葡萄牙武裝商船隊途徑臺灣，看見 Formosa；1563 年，林道乾在俞大猷追擊下，敗躲臺灣；1593 年豐臣秀吉派人到（高砂國），要求稱臣朝貢，臺灣人不甩；1621 年海盜顏思齊率徒眾入居臺灣；荷蘭人先在澎湖來來去去，在 1624 年，明天啟 4 年，終在臺灣台南登陸，建熱蘭遮城，翌年增建赤嵌樓，荷蘭人統治南臺灣 38 年，於 1661 年被鄭芝龍的兒子鄭成功驅走，退出臺灣。1625 年海盜李旦逝世，其勢力由鄭芝龍接掌，顏思賢也在那一年死去，不知道屬（自然死亡）或被殺。現在臺灣中部沿海城鎮大甲、梧棲一帶異常活躍綽號（冬瓜標）的顏清標及其兒子顏寬恒聽說便是顏思齊的後代，（阿標）經營媽祖廟（大甲鎮瀾宮）異常成功，別看他一派老粗的模樣，其實頗具才華。如以 20 年為一代，自 1625 年起算，他家傳了已 20 代，400 年之久。顏思齊是從中國大陸跑到臺灣來的。阿標幹過立法委員，兒子顏寬恒則為現任 113 位立法院立法委員之一。

　　中華民國第一任總統、中國國民黨總裁蔣中正於 1950 年在（國共內戰）中敗退臺灣，那前後幾年間，隨他自大陸到臺灣的軍民有約 60 萬人。蔣於 1975 年 4 月

5 日過世，其子蔣經國於 1988 年 1 月 13 日也死了。小
蔣的 3 個嫡系兒子皆於中年病歿，但他在民間留下章孝
嚴、孝慈二位庶出的成材兒子，章孝慈當過臺北東吳大
學校長，也於中年病逝，章孝嚴當過外交部長，也當過
立法委員，第二次尋求連任時落選。章孝嚴認祖歸宗，
成蔣孝嚴，是蔣介石在臺灣的第三代。蔣孝嚴落選後把
在美國的兒子當律師蔣萬安叫回臺灣，經過一段期間的
辛苦經營，於 2016 年大選中當選立法委員，是為蔣家
在台第四代人物。

富三代（三）2016.8.22

94. 臺灣商人王永慶

　　耕讀傳家傳不久，成了大工業家，則可能多代相傳，美國有鋼鐵大王洛克菲勒，還有石油大王、鐵道大王，已傳了許多代，仍威名赫赫。臺灣有一位世界級的塑料大王王永慶，2008 年辭世，當年他 92 歲，他自己（規劃），至少要活 100 年，傳說是在凌晨吃點心的時候不小心噎著了，（急救）來遲一步，當時他人在美國，如果是在臺北，長庚紀念醫院的急救團隊想必會及時奔至！王永慶死後長睡在一具特大號珍貴巨木鑿空的棺材中，由 20 多位壯漢抬起，入土為安，就葬在林口長庚大醫院附近的漂亮園林裡。王永慶從不舉辦王公貴族式的奢華派對，他作風簡樸，但他不怕花錢，他長眠的那一根千年巨木，不知道是從地球上那個地方採伐下來的，他自己生前買好的。

　　王永慶 1917 年生於臺北新店偏遠的山區小村，他父親王長庚種茶維生。15 歲小學畢業，被老遠送到嘉義去當米店小學徒，一年期間，能學的都已學透，回到新店，長庚先生湊 200 元給他開米店，就此，17 歲的王永慶展開了他一生輝煌的事業，他熟知哪（口灶）有多少人吃飯，一天吃掉多少米，隔幾天要買一次，屆時那個（慶仔）會自己送米過來，他天生會做生意，又極具進取心！他不靠（政通人和），當年蔣經國、李登輝都忌憚這個異人，不給他方便，王永慶是個異類，硬要出人頭地。

　　他 25 歲，他在老家買了 50 畝地，第一次成為地主。翌年，他成木材商人，開始日進斗金。1954 年臺灣政府的經建大官想引入塑料製造業，他們先問那幾位上海來的商家，但無人願幹那種辛苦，又前途難料的生意。他們查知，有一個鄉下人在銀行存款達 800 萬元之鉅！於是慫恿王永慶（出戰）。1957 年台塑公司開始產出 PVC，一天 4T，但無人要買，第二年他成立南亞公司，將 PVC 做成塑料管及其他第二、三次加工產品，1960 年 PVC 已月產 1200T，也開始外銷，王永慶已來不及自己生產，乾脆跑至美國兼併工廠，一共吃下 14 家工廠，一舉成為世界 PVC 大王。1986 年在雲林麥寮填海，在那一望無際的大工廠中，有各類石化產品源源流出，他在臺灣廣設汽車加油站，賣自家（裂解）出來的石油。他跑至中國大陸參訪，成鄧小平的座上貴賓。他說，我是唐山來的，回唐山（長山，大陸）做生意，理所當然。

　　他看中宜蘭利澤濱海的一塊平原，他問民進黨的縣長陳定南要買 400 公頃（6000 畝）土地，陳不給，王硬要，倆人公開吵起來！老王罵陳定南是（小人）！陳縣長只能忍氣吞聲，不給就是不給！後來許多臺灣民眾感念陳定南，由於他的堅持，保留了一大片不受石化污染的乾淨海濱和海域。台大法律系畢業的陳定南後來由陳水扁任命為法務部長，陳定南在任內贏得（陳青天）的尊號，許多人內心尊敬他。王永慶也會踢到鐵板！

　　1978 年，臺灣林口長庚醫院建成啟用，為亞洲最大醫院。長庚不僅大，也醫術精良，高雄長庚醫院的（換肝）手術，常時有國外年輕醫師前來觀摩學習，捐肝的兒子以及等待換肝的父親同時推入手術間，父子倆個人都不能出差錯！兒子的一部份肝臟（長）到父親身上。

　　長庚醫院也成為台塑大集團的大股東，握有旗下各公司的相當股份，儼然是一個股權十分安定的握股公司。王家已定下現代版的世代傳承法，預期王家大業仍能傳世一百年，二百年，成為近代華人第一世家。容或集團內會出現（敗家子），也不潰散。強將手下無弱兵，子弟們也傑出。

　　王家的故事說不完，由培養自家所需技術員工而設立明志工專開始，到長庚大學，辦學績效優良。大眾電腦曾喧騰一時，HTC 手機更曾叱吒一時，想跟 SAMSUNG、APPLE 拼老大，雖敗陣，但無損王家雄厚基業。他家設在越南河內的大鋼廠，涉嫌污染 200 公里海岸，出現紅藻，造成魚蝦死亡，越南政府要罰 5 億美金，王家不動聲色，設法解危。王家不會叫嚷，遇有困難，沉著應戰。

　　聽聽王永慶說過什麼驚人的話語，他說他像一隻饑餓的瘦鵝，什麼都吃。其實他是鯨吞，兼蠶食。他說，（要挖洞，就要挖大洞；要借錢，就要借大錢），真是一語中的，他是大王。

富三代（四）2016.9.4

95. 里約奧運

　　為期半個月的巴西里約奧運會於 2016 年 8 月 21 日結束，中國隊表現不佳，僅獲 26 面金牌，排名第三，請問這算不算（為富不過三代）？2004 年雅典 32 面、2008 年北京 51 面、2012 年倫敦 38 面，每下愈況。日本人這一屆得到 12 面，因 2020 年將在東京舉行，日本人的金牌數預料會有明顯增加，那時候可別掉到人家後頭去了。

　　男子籃球隊的表現讓人感到羞愧，5 戰皆沒，與美國隊的比賽，輸成 62 比 119，一面倒！（5 連敗），平均每場輸給對手 29.6 分，在與賽各國中敬陪末座。幸好女子排球隊表現極佳，訓練有素，且堅韌不屈。這個球隊有很強的紀律感，這是獲勝關鍵因素。女排隊員平均身高 188.5 公分，美麗又大方，已被同胞們視如（女神），但千萬小心，別被寵壞，一受寵就後繼無力了。

富三代（五）2016.8.22

96. 海納百川

　　十月底遊訪湖南長沙，首先參觀千年學府"嶽麓書院"，一進山門，"惟楚有材，於斯為盛"八個大字赫然入目。惟楚有材？好大的口氣！在書院裡流覽了一個多小時，出來的時候，站在門口，重新端詳那山門及楹聯，但見一派沉穩又靈秀的樣子，受人敬重。曾國藩消滅太平天國，無湘不成軍，在一百五十年後，湖南人依然在軍事和政治方面有其脈絡可尋的影響。

　　次日一早來到岳陽樓，那是一座因蘇州前賢范仲庵的一篇文章而名場天下的奇樓，他憂國憂民，先天下之憂而憂，萬分的沉重。蘇州人為他在太湖湖畔樹立了一座巨大的石像。

　　福建福州也人材輩出，1839 年 6 月欽差大臣林則徐在廣東虎門收繳 118 萬公斤鴉片並銷毀，引爆了重大的變動！中國因鴉片戰爭失掉香港，迄 1997 年才回收，林則徐的名句 "海納百川，有容乃大"道出了不易的大道理。

　　專做螺絲釘的蔡家三兄弟，分別在臺灣、大陸、馬來西亞、越南設有大規模的工廠，他們生產 2 萬種螺絲，年產量 55 萬 8 千噸，占世界第一。他們如何海納百川，有容乃大？他們設在馬來西亞的工廠，容納了馬來西亞、印度、中國、越南、泰國、緬甸、尼泊爾、菲律賓等 10 國員工。印度人喜歡在宿舍裡養母雞生蛋當早餐，越南人愛抓狗吃火鍋，蔡家都要了。別以為他們只用大量廉價勞工作簡單的加工，他們擁有先進的自動化大型倉庫，他們是複雜的物流與服務業，專門提供即時的螺絲需要。今年八月底，美國卡西那颶風吹倒當地 20 萬根電線杆，蔡家的 1200 噸螺絲於十月初運抵新奧爾，其迅速有效，無人能及。

話題拉回現在的蘇州，《姑蘇晚報》上說，蘇阿姨餛飩工廠需工 100 名，只找來七、八名，雖然工資已提高到一千三至一千五百元，仍無人問津。他感歎，現在從蘇北來打工的人越來越少了。就在距離不遠的一家台資食品工廠，生意越作越旺，他們有人手可用。顯然這家台資工廠用人很有"度量"，困繞雖多，但能克服。臺灣人早就在臺灣受到無人可用的苦楚，故已學會接納各式各樣的人。還有，臺灣人在蘇州本身就是外地人，他們不會去區分蘇南、蘇北、安徽或河南，只要能做好事就行。蘇州人愛讀書、會讀書，想坐辦公室。

再提古時候的故事。明朝中頁開始，太湖周圍就有興旺的"鄉鎮企業"，吳江的盛澤便是其中最閃亮的絲綢中心之一。作為一個萬商雲集的地方，從清朝初年以來，盛澤先後建立了金陵會館、濟寧會館、徽寧會館、濟東會館、華舊會館、寧紹會館、山西會館、紹興會館等等，外地人群集的結果，自然就會有設立各地會館的必要。盛澤到現在仍很富裕，據賣車的人說，目前大蘇州地區約有各式新舊奔馳汽車約 1000 輛，而盛澤一個占地 2.5 平方公里的地方就有 200 輛之多。盛澤的各式工廠、商店是由全國各地的來人彙集而成。如果他們沒有接納外地人的雅量，就不會有這般的繁榮富庶。當然盛澤人也愛讀書，會讀書，費孝通便是其中的佼佼者。

　　臺灣問題是目前中國的最痛之一。請千萬別老想著如何"解決"，因為解決不了。要想著如何"化解"。化解與解決哪裡不同，化解須要寬宏大量耶。

97. 臺灣紅檜

　　盜伐臺灣高貴大樹如紅檜、扁柏、楠木的山老鼠，在深山裡鬼祟行事，他們在凌晨一點至四、五點間出沒，頭上一燈如熒，如鬼火閃爍，如逢颱風來襲，寧冒著生命危險，搶黃金時刻，緊急處理剛剛倒塌及（被倒塌）的大樹。臺灣有 930 位巡山員，一人管一千八百平方公里，他們多屬臺灣原住民，為保護他們祖靈寄居的千年大樹，他們也會流血、受傷。

　　東京明治神宮，日本人新年拜神的大寺，在大門入口處，那二根矗立的大木柱正是臺灣紅檜。1895 至 1945 年，日本人據台 50 年，他們一共採伐臺灣大樹 22 萬根，他們在距地面 80 公分的地方把樹幹鋸斷，留下樹頭、樹根，以免水土流失，他們也即刻補植新樹，如今，在一些山麓風景區如杉林村，那些整齊的參天大樹林正是他們補種的新樹。

　　在花蓮藝品店，一塊約 30 公分立方的珍貴木塊，做成一個聚寶盆的模樣，或乾脆保持著它天然紋理，只稍事研磨，並打上一層薄薄透明漆，那一類有如寶石般的木塊，售價高達人民幣 10 萬元。未必搶購黃金，不要高級馬桶，有人就要一塊從千年大樹上切割下來的木材。

　　1988 年東京藝術大學漆科的三田村有純教授在臺北舉行個展，他帶來一塊命名（嵩）的木質作品，一個山形，有如埃及金字塔的漆器，黑底，上有吹雲般也像流星群的金銀彩飾，高 60 公分、寬約 80 公分，以上乘的厚實臺灣紅檜繪製，氣勢懾人，1988 年日展金牌獎傑作，他說那是他一生中僅有的幾件最重要作品之一。這件貴重漆器由我買下，他沒能帶回東京，他因而滿懷心事，與收藏家沉默相對無語，一杯又一杯……，幾年後捐給臺北美術館好了，我說，他搖頭，捐給故宮博物館，臺北或北京的，他仍搖頭，他低聲囁嚅，希望回東京，入東京美術館。收藏者奪人之所愛，或比那批猺獝深山裡的山老鼠更壞。寶貝仍留臺北我家，很久很久以後，留給子女處理。

2015.3.31

98. 扁 柏

　　檜是圓柏，在沒乾透時，其橫截面會顯現暗紅色，甚至還微微有些滲血模樣，所以臺灣人都說成（紅檜），另有一種近親的扁柏，顏色近黃，也叫黃柏。黃柏比紅檜更珍貴，香氣更持久，從倒塌的日式老房子裡抽取下來的木柱、木板，薄薄刨掉一層汙損外皮，便又聞到它的香味，因年代久遠，已從年輕的清香轉為暗香。

　　要開一家真正的高級日本料理店，便須重金搜購一長條像臺灣扁柏製成的木質壽司吧台，貴客就與大廚師對面而坐，閒聊幾句，邊吃生魚片，就如去年日本首相安倍晉三與美國總統歐巴馬比鄰而坐一樣。小店才用不銹鋼或廉價長木板的吧台。

　　楊貴妃在長安華清池入浴，溫泉水滑洗凝脂？1989年我去過那裏，那時候溫泉水像肥皂水，如入池泡過，出池後還要用清水再洗一遍。現在有人以檜木製成浴桶，不必用浴鹽或沐浴精什麼的，泡在木桶裡，陶陶欲睡。

　　有一對蘇姓兄弟，肥碩山老鼠，被人抄獲在臺北內湖的樹林裡窩藏 20 根珍貴大徑樹木，9 根紅檜、2 根扁柏、5 根臺灣杉另加 4 根闊葉樹。他們辯稱是 2009 年在台東檢拾的合法（漂流木），臺灣人聽了生氣！扁柏從

未出現在玉山以南，或者說（北回歸線）以南的 2000
公尺高山森林裡。500 公里的奇幻漂流？從天而降？那
個姓蘇的山老鼠還在電視裡侃侃而談，還嘻皮笑臉的跟
揭發此件惡事的臺北市議員高嘉瑜小姐說，他想送她一
根 40 尺的大徑貴木，叫人哭笑不得。高小姐 35 歲，未
婚，台大法律系的高材生，去年以最高票數蟬連臺北市
議員。那種木頭可換一輛漂亮汽車或一套手鐲、胸墜、
耳環等玉飾，適合當嫁妝。還有還有，那些長期與老鼠
群（相善）的林務局、農業部官員，外表斯文，能說會
道，說他們經過三次（鑑定），說那 20 根贓物是真的漂
流木！他們不怕會被雷打嗎。

2015.4.1

99. 臺灣杉

臺灣杉長得筆直，可高達 70 公尺，高聳入雲，惜材質不夠堅實。我在都江堰買過一對烏木紙鎮，細密、滑潤，根本不像木頭，是（碳化木），已深埋地底數千乃至數萬年之久，他們說，出土後千年不腐。二條烏木，顏色、紋理、密度都不同，應不屬同一棵樹，甚至不屬同一種樹，沒配對好。

烏木上雕刻李冰父子的治水格言（乘勢利導、因時制宜）8 個字。看不清楚是那一位方家的字跡，寫得像使一把沉重的，又極鋒利的武士刀，迎面劈來。說治理水患（應順應自然），那麼書法應寫得柔韌些，不宜太強制、霸道，換一位能寫（柔若無骨）的書法的人來寫才好。

臺灣也進口外地木材，紅木是外來的。日月潭的涵碧樓，賴老闆說他自泰國進口了許多高價高品質柚木，津津樂道。臺灣大企業家王永慶入土為安時，睡在一口碩大無比的楠木棺裡，要二十多個人才能抬起來，好像也是漂洋過海來的。

臺灣人喜歡肖楠的樹頭及樹瘤部份，鋸成矮桌、矮木櫈，一群人圍聚泡茶，談論時事，批評人物。想當議員、縣市長，須具備那一個東西，但價錢越來越貴。

2015.4.3

100. 碧螺春

突然，我沒了想看的書，
更無想寫的文章，
幸好，還有想喝的茶。

沒有想去的地方，
再進書房，
在這個有茶香的陋室裡，
喝一壺絨毛纖纖的蘇州碧螺春，
摻上幾葉雲南深山裡的濃烈老梗。

2018.3.29

101. 霧社紅茶

沒有想見的人，想談的話。
泡一杯 2016 年份的霧社紅茶，
那一年歉收，品質卻異乎尋常。
陣陣湧來，
甘在其中。

102. 布朗山上古茶樹

　　喝過不少普洱茶，我不喜歡那一股獨特的（陳香），像是一種黴味！有一回，在一家泉州老茶鋪裡，老闆為我挑選並親自沖泡了一款普洱，覺得不錯，但一時無自信，所以我只肯買一片，不買一疊七片，帶回家再泡，才真領略了它的醇厚綿長。又有一次，王老有事煩我，帶來一盒包裝精緻的普洱，我隨手扔置一旁，有一天試喝了，才知又是一款令人回味的好茶。

　　我有各種臺灣好茶，新竹的膨風茶（東方美人）、南投魚池鄉的紅茶，從原生山茶、引進的第一代喜馬拉雅山大葉茶，到改良成功的混種台茶 18 號及 21 號。也有在阿里山、合歡山西麓栽植的高山茶。每天，我依心情不同，挑不同的茶喝。妻子、女兒也嗜茶，不可一日無此物。

　　買好茶要有門路，我一走入臺北幾家著名老茶莊，夥計們面有喜色，大老會從樓上下來親自接待。我要那一種剛比賽得獎的好茶，自有熟門熟戶的中介商替我買來，這種優遇，是長年累計下來的實績換來。暴發戶買不到，按圖索驥也買不到，我買的是老店的私藏好茶。

　　上個月來到雲南西雙版納，在中緬邊界的布朗山上看到成片的老茶樹，不是灌木型的整齊茶圃，而是與其他熱帶樹林混雜相生的喬木型老茶樹。其中一棵樹齡近800 歲，旁邊有一塊岩石，雕刻（南行萬里拜樹王）幾個大字，是文化人趙朴初的字跡，他早在三十多年前便來過了。

　　如果你不喜歡普洱茶的陳香與黑紅，你要選擇生茶，已儲存四、五年，經過自然緩慢醇化的那種生茶，老樹好茶，入口帶澀，但迅即回甘，如果是好年份的茶，則醇爽持久。別迷信越陳越香，蘇州碧螺春就越新越好。

2015.2.10

103. 白　酒

你老家出產什麼好酒？
五糧液。還有綿竹大麴。
不如汾酒。酒迷人。青花瓶溫潤。
你要我帶什麼土產給你嗎？
帶著快樂回來。
快樂怎麼帶？
貼身帶著，
好吧！

2011.1.29

104. 五糧液

　　過年期間，大庭院裡沒什麼人。連接兩天看到一個七、八歲的女孩子獨自四處觀望、停留。走過去看她，抬頭挺胸的，穿得也可以，只是該換洗了。外地新來的，與本地由婆婆媽媽們環繞保護的小孩相比，她們看來更健康，面貌也不難看，也不會笨，只是她長大後會如何，她自己能決定她的前途嗎？有學校讀了嗎？先是因陋就簡的農民工學校，現今已多半進入一般小學。書袋子翻身？除非特別優異，家世更重要。她是保安的女兒，跟她父親住在門口的小亭子裏。

　　許多年前，四圍仍是一片水田，江南小橋流水人家。很少大雪紛飛，偶而雨中夾雪，落土即溶。村書記請客，宰了一頭山羊，連皮帶骨還有一些細毛，熱騰騰的一大鍋，香氣四逸，特引人食欲，二瓶 52 度五糧液，由鄉長平均分給共食的七、八個人，各喝各的。接下來，還有舞跳，鄉下娛樂廳，紅紅綠綠的，有一套音響，供人跳舞。燈光昏暗中有幾個年輕女孩子，長得秀氣，說是從不遠處的大學裡約來的女學生，男的有些舞技嫻熟，女生是喜歡玩樂交際的那種。摟摟抱抱，僅此而已吧！我不清楚。我倒依稀記得，其中一個身上有一股好聞的味道。

2015.3.8

105. 香　水

　　一家人在德國旅遊，一到自由活動時間，一家人趕忙鑽進當地一家大百貨店，他們帶來幾個大行李箱，好像有很多東西要買。

　　高個子的男生要買香水，還指名要買那一個牌子的，咦，你交了女朋友了嗎？並無跡象，原來是他那一個（死忠兼換帖子的）蘇州同學，托他買的。（喂！我現在法蘭克福，沒有你要的那一牌子香水！）他忘了時差，此時是蘇州半夜一點半。被驚擾的蘇州男孩不以為意，他只是擔心她的女朋友喜歡不喜歡另一牌子的香水。對了，德國香水帶一股新鮮皮革的香氣，法國香水有花香，帶點滑膩。

　　別忙著談戀愛，萬萬不可糊里糊塗的，有一天，帶個小嬰兒回家，要我撫育，媽媽對兒子嚴厲的說。

　　他一回到家，他那一位死黨立刻趕來領走香水，明晨他要回南京註冊，也要會他的女朋友。

2017.2.24

106. 烤螃蟹

　　頭髮越留越長，走在路上，像個流浪漢，偏偏我妻子喜歡我留長一些。先是我，接著我們一家人都請她整理頭髮。

　　1999 年臺灣（921）大地震，睡夢中忽然天搖地動，房子抖動，門窗嘎嘎作響，還夾著恐怖的轟隆低鳴，令人眩暈、透不過氣，時間又拉得很長，彷如世界末日來臨，萬物行將毀滅。隔二天，她靦腆的低聲說，她一夜安眠，不知道有地震發生。

　　幼時家住宜蘭海邊，秋風季節，沙灘上常會聚集許多橫行螃蟹，它們快捷移動，緊張兮兮的，不知何事慌亂。挑大的，二、三十隻，扔進一隻鐵釜飯鍋，蓋上大木蓋，在釜底燒起旺火，鍋裡原只是嘈雜作響，漸如鑼鼓急催，又一會兒，歸於沉靜，而釜中透出乾烤螃蟹的香氣，傳香十里，香氣又招來二個附近小孩要來分食。

　　她說那個新來的高個子男孩在追她，她觀察多日，也思量再三，就不跟他好，因為她說，一旦接受了他，她擔心她積攢多年的存款，會被他短期內耗光。隔一周，她走了，別人說她跟他走了。

2013.11.7 臺北

107. 白木耳

　　他以前常來，次數漸少，只剩一週一次的樣子。幾位常為他按摩的技師，看他疲累的模樣，默不出聲，莫敢逗他講話，只有更加用心的推、捏一番。一位好技師，能靈敏觸及別人的痛處，撫慰別人。

　　他每次來，會先打個電話來，抵達的時候已開好空調，開好電視，音量極小，什麼節目都行，就不能是喊打喊殺，或有罵人場面的節目。他一走，秦姊會進來看看，小盤裡的點心往往原封未動，終於知道，他喜歡小番茄，於是在它的季節，就會有一盤滿滿的紅色小水果。店裡人人認得他。

　　來了一碗還冒熱氣的白木耳湯，夾幾粒蓮藕、枸杞、紅棗，他不想吃，要讓給技師吃，她說那是秦姊特別要請他吃的，她不敢吃，他淺嚐一口，好喝，全吃完了。

2015.3.25

108. 情是何物

臺灣歌手江蕙唱《家後》，情意綿綿，訴說他將送她最後一程。

等待的時陣（時辰）若到，
我會讓您先走，
因為我會毋甘（不捨），
放你目屎（眼淚）流。

家住台中的老人蔡金鐘，77 歲，已漸失憶，又有心臟病。老伴顏麗琴 72 歲，因中風不能言語，住台中國軍總醫院附設護理之家，已近一年。他早晚各一次，步行 30 分鐘，到醫院看她，若風和日麗，便以輪椅推她在附近散步。晚近，蔡老心境不佳，常自言自語，不願拖累子女，不忍老妻飽受病痛折磨，告訴兒子證件、印章、存摺放在那裡，兒子不聽，便交代孫子，似已厭世。6 月 25 日下午護理之家通知，老人以輪椅帶走妻子，已逾時未歸，請他兒子尋找。他兒子走不開，家裡無人接聽電話，雖焦急但無可奈何。兒子下班後匆促到家，一眼看見父親站在浴室內，喚了幾聲，沒回應，趨前一看，老人已懸樑自盡，再看一眼，他母親蜷縮在浴缸，水位正好淹沒她的臉，看似平靜。浴室天花板被移開，有一條繩索自橫樑上垂下。二老俱已氣絕，其實他沒為她料理後事，他只慢了一步，倆人相伴共赴西天。

2012.6.29

109. 緊緊摟住你

　　江蕙從小愛哭，這樣也哭，那樣也哭，哭過就沒事。10 歲開始為生計走唱，出入燈紅酒綠之間，沿桌托缽，乞討賞金。她潔身自愛，奮力求進，上天給她音樂天賦。

　　她與歌王多明哥合唱一曲台語《雨夜花》，其高貴模樣，深印人心。江蕙頻頻得獎，專輯滿櫃。

　　當她娓娓唱說（我會緊緊摟住你），當她吟哦（人情世事已經看透透……，有啥人比你卡重要，才知幸福是吵吵鬧鬧。）

　　聽眾不禁悲從中來，
　　淚水漣漣，
　　匯成一條長河。

　　江蕙 53 歲，原盼望她再唱 20 年，撫慰人心，因眩暈症，宣佈自 2015 年 7 月起在臺北、高雄舉辦最後的（祝福）演唱會，就此封麥（克風）。獨唱會場次已增加至 25 場，張學友等當今華人好歌手，多會臨場獻唱一曲。

2015.2.12

110. 山　丘

　　李宗盛自彈自唱，
　　越過山丘，發覺無人等待。
　　林憶蓮歌聲連綿，糾纏不去，
　　愛上一個不回家的男人。

　　老李年逾半百，不僅越過山丘，也攀爬陡峭山崖，
他胼手砥足，竟扳下許多璧玉，也踢出不少寶礦。他扛
過瓦斯桶，那群相約在北投小溪烤肉的女生，不愛這一
個當年一臉青春痘的傻大個。在北京音樂學院裡，有些
驕傲的小屁孩指他不通樂理。

　　越過山丘，還有山丘，
　　怎知無人等候。

2015.2.11

111. 看見她的美麗（一）

來到麗江，當地導遊來接，她姓熊，年約三十，有些歷練的模樣。她介紹自己是摩梭族人，母性社會的少數民族，老家靠近四川南部的山區。載我們一家五口旅遊的小巴于七時許抵達麗江，又冷又餓，讀蘇州台商學校高三的孫子，剛考完臺灣的升學學力測驗，身心疲累，沉默寡言，偏又罹患輕度高山症，今晨已嘔吐多次，神態萎靡，我們急於入店歇息，也找一處溫暖的地方好吃一頓。

小巴停在一處（步行街）入口處，熊導一來，知道我們心情不佳，急忙安排一輛電瓶車，送我們上車，電車才走一小段，來到一處更狹窄的石板路，我們須下車步行，幾隻小皮箱在凹凸不平的大石塊上拖行，發出一陣陣令人不安的怪異聲響。昨夜在大理過夜，我們睡在一家翻修過的古時富戶人家，大家都沒睡好，我們夫婦還做噩夢，她懷疑那個地方不太（乾淨）。聽人解說，進入二千多公尺的高海拔地區，因空氣稀薄，胸悶易喘，不論白天多累，夜晚常睡不安眠，易受驚擾。

步履不穩的走了一段路，感覺很遠。（第二天白天才知道，其實不足 100 公尺）來到一個張燈結綵，喜氣洋洋的溫暖客棧。熊導代辦入住手續，好像不順利，終搞清楚，她帶錯了地方。走回原點，心中不舒服。而我們的小巴已離開，不好意思喚它回來。於是攔下二輛出租車，當地的出租車是漫天要價的，搭了受罪。又步入一條坎坷不平的街弄小道，終於入店。我們平白多耗時四十多分鐘，心中有氣。她能當導遊嗎？她當導遊三個月了。

第二家客棧門面不大，但腹地寬闊，在微弱燈光下，我們通過一條搖晃的粗繩吊橋，又穿過一間暖房似的客廳，才進入客房區。石塊鋪陳的地面，高低落差頗大，處處是石階。我們依賴手機打出來的熒光照明，才能落腳前行。鱗次櫛比，方位不一，房客好像蜜蜂巢穴一樣，各人各自鑽進自己的藏身處。如住二樓，須手扶扶手上樓，樓梯以大木條用粗麻結紮而成。整個設計頗有情調，但此際感覺像是進入陷阱地帶。

第二天早上，我們才弄清楚，第一跟第二家客棧其實同在一處街弄裡，相距五、六十公尺而已。相約八點正，而熊導與小巴偏偏又遲到四十分鐘，又是她的錯！她弄錯了與小巴會合的地點。天阿，她很迷糊嗎？

前一站的大理地陪李先生屬白族，他接待過很多臺灣旅遊團，他很熱情，工作投入。他一到，看一眼，就自然而然的稱呼我（阿公），也親熱的叫（阿媽），小李帶我們遊覽寬闊、雄偉而沉靜的古大理國崇聖寺，我們在那裡流連甚久，拍下許多照片，第六、七世紀，在亞洲中部，除以長安為首都的隋唐大帝國外，另有吐蕃（藏羌族）和大理王國，三雄鼎立。長安曾被吐蕃軍隊攻陷，有郭子儀、王寶釧的故事流傳後世。大理鼎盛時期，其版圖涵蓋中南半島北部。大理因金庸的武俠小說被人熟知，遊客如織。金庸的天龍八部、神雕俠侶、鹿鼎記等一套小說，是《紅樓夢》以來中國最重要的小說。李先生也引我們環繞清澈的洱海，參觀孔雀皇后楊麗萍的別墅，那個地點很凸出，伸入湖中，像個（特權）房舍。我還買了一個白亮的純銀茶壺，這個古董般茶壺偏配上一根粗木大把手，笨拙可愛。

熊導讀當地民族中學，高中一畢業便開始打工，她丈夫是她中學同學，同鄉但不同村，漢人，他繼續讀民族師範大學，現任高中母校的物理老師。第一天晚上我們抵達時，他丈夫懷抱著他們兩歲的沉睡中的女兒，正坐在他家的汽車裡，候在一旁，等他妻子下班，要一道回家，他眼見她慌張、慌亂的樣子，害人平白多耗許多時間，不知是憐惜抑或惱怒。

才上工片刻，她以天生的熱情和坦率的態度，與我們滔滔聊起話來，她介紹當地的風土人情，也說她自己的事。熊小姐說，再在外頭工作幾年，之後便要回老家當（祖母）。你女兒才兩歲，你當祖母還早著呢！不，她說，（祖母）是族長，由一位能幹、有見識的女性族人擔當，不必五、六十歲，甚至七、八十歲、三十歲就夠了。她老鄉的村落一共約二百個人，全是親戚。有關土地的開發使用，產權歸屬，農事、婚事等等，她有許多事情可做，可改善族人的生活。她不是要告老回鄉，落葉歸根，而是要回到故里施展抱負。前一夜，熊導曾迷路，此時，明明白白，她是一位當地傑出婦女。

不可濫殺野生動物，不可在純淨的河水裡洗滌流血的動物。熊小姐過年過節回老家時，故鄉的那一群猴子認得她，老遠就在村子口樹梢上跟著她，一路追隨，直到她家。有一次，村裡一個（壞人），另約二個同夥，誘捕猴子，一隻不知人心險惡的幼猴被抓。他要當場敲破幼猴的頭殼，生吃猴腦。一群受驚的孩子瞪眼旁觀，無可奈何，母猴淒聲哀叫，趨近前來，牠頻頻俯地拜伏，作人類叩頭求饒狀。熊小姐當上族裡（祖母），勢必制止這類惡行。

熊導輕易融入我們一家人當中。她對我女兒說，很少人跟像她一樣，願帶著父母親和子女一道出遊，說這話時，眼光中流露出欽佩神色。熊導忙進忙出，消失在春節的擁擠人群中，不需我們尋找，她總會適時出現在我們身邊。我孫兒身高 186 公分，我一頭白頭髮，千萬人中唯我一個，容易找吧。她是在崇山峻嶺中長大的（山地人），自有追蹤尋跡的本領。前一天晚上，她曾迷失在古老的人造巷弄中，那個地方，清早、黃昏、夜晚樣貌差異極大，人人都在走冤枉路，問路。此刻，她全神貫注，不容任何差錯。一天就這樣過去了，美麗的玉龍雪山、張藝謀督導的精湛歌舞表演。那一位跟我們一家人一見如故的可親的熊小姐。她一再邀約我們到她老家住幾天，我真的很想去看看。

2014 年春節

112. 看見她的美麗（二）

攏著她，有一股胭脂味，不增反減，減損了她天生的自身的好聞味道。小腹平坦，滑順如玉，其實她對自己身軀充滿自信，心裡既已接受了這個男人，就不必忸怩，無需作態，讓他扭開她的長褲，褪盡衣物，讓他再一次看見她的美麗。年輕的肉體，清新自然，湧泉汨汨，急待情人。

那一天他遲到，有一位商家來訪，可能做成一筆生意，如順利，可望在初夏有一筆金銀入帳。

●如真成功，買一件像樣禮物給你。

○那班人很摳的！

我會心中默念，盼大船如期入港。

2014 春節

113. 看見她的美麗（三）

　　她自在，坦然露出美麗飽滿的乳房，讓他吮吸、撫弄，與她自己，男的女的倆人一齊共享她的身體。

　　二十多歲，在鄉下老家，在親戚、街坊們眼中，已然是個老姑娘了。同學、同事、鄰居，年齡相仿，凡已結婚的，多數以（悲劇）下場。有人在離婚時，不甘不願，力爭幼兒到手，如今，母女貧困，有若乞丐，令人心酸。難得有人再婚，但男人大她十多歲，條件很差的人。何必結婚呢。

　　你要我？好呀！但別偶然相逢，只搞一夜情，我可不是在 KTV 上班的。去租個房子吧，有冰箱、空調、瓦斯爐什麼的，像個家的樣子，阿好？

　　你怎麼到現在才來。

　　明天要出遠門了，多待一會兒吧。

　　多留下一些給我。

　　要想我哦。會嗎？

2014 年春節

114. 看見她的美麗（四）

　　古早以前，俳句詩人松尾芭蕉，在東海道上，一個難眠的夜晚，曾目睹一條驚心動魄的明亮銀河，近在眼前，又鋪陳至天涯海角。熠熠生輝的無數星星，有若千言萬語，欲語還休。

　　又隔很久，另一位著名文人川端康成，眼見天上繁星璀璨，滿天火光，竟因身陷魔陣，在地面上另外點燃了一場爆烈的火災，在異常的混亂之中，他把那一個生有一雙尖利眼神的葉子姑娘，無情推入火爐堆裡，也一併將他繾綣多年的情人駒子，將其骨灰，以消防用水，付諸一流。

　　於今滿地花卉，春風吹拂，笑聲點綴其間。

2014 年春節

115. 看見她的美麗（五）

　　二個月不見，更明豔動人，且看來愉悅，她說已找到一個人，今年年底結婚。新疆人，不是維吾爾族，不屬半個月前在昆明火車站大開殺戒的那一夥人。只大她10天，她原希望嫁個大一些的。她聽說他在福建有一個廠，做根雕，當茶几使用的粗木桌子，產自貴州，運往福建，想在蘇州設一處銷售點。請你顧店，當老闆娘？她說她不要被局限在一處冷清的地方，不顧店。她說她要旅行結婚，先到新疆，再到她的老家雲南，辦二次婚事，請人吃喜酒。在蘇州辦第三次嗎？她說他們還沒決定好。

　　她說這趟回雲南麗江近2個月，她哥哥結婚，一家人興沖沖的辦理婚事。她哥哥是軍人，半年前晉升連長，自願駐紮西藏的印度邊界，一個月有一萬元薪津，另有好福利。我說隔著布拉馬普特拉河（雅魯藏布江）相望的印度兵是聞名於世的山地勁旅，屬害的嘞！她說反正我們也能在山上奔跑自如，誰怕誰。

　　他們一群人攀登山頂，帶著雞和當地土豆野炊，差點造成火燒山。我說要是燒了山林，就把你們當做（恐怖份子）處理！她說，如真造成火災，他們要賠一輩子都賠不完。他們的小土豆（馬鈴薯）十分可口，在蘇州賣的土豆，個頭倒不小，但平淡無味。

　　有一個老外向她求婚，德國的，蘇州的洋人大半走光，只剩下德國人，長得高大，但語言不通，不能要。她的挺拔、亮麗，可當外交官夫人。

　　臺灣人、福建人、浙江人特別是溫州人……都愛遠走高飛，尋覓適合聚居、聚財的地方。她們也愛長途旅行，但（旅行）本身才是主要的（目的）的樣子。她說最後要回到老家，鎮日呆坐家門口，無所事事。反正，吃得少，病了也不必送大醫院，需要的錢不多。在能跑的時候則到處遊蕩，吉普賽人嗎？

　　在正式結婚前，她說她一定不讓他睡，看也不准看，因為根據她多次（多年）的經驗，一旦睡在一起，便會開始吵架，一定結不成婚，這回她打定主意要跟他成婚，要他明媒正娶。祝福她。

2014 年春節

116. 一棵茄苳樹／看見美麗（六）

　　長榮航空世代交替，張家壯年人一邊擴充機隊，增加航線、航次，一邊找來金城武拍攝（I see you）廣告影片，全球播放。長身、英俊、表情冷酷的金城武身穿一件白衫，騎一輛腳踏車在郊外跑路，一大片碧綠的田野，起伏的山脈，還有台東的清澈藍天白雲，陣陣海風吹襲，他急著赴約嗎？額頭、面頰上汗水滲潤，他找到一棵美麗的茄苳樹，樹下有一條長板凳，一大壺貼著（奉茶）紅紙條的茶水，他喝了一大口。

　　民眾蜂擁而至，有時道路兩邊同時停放數佰輛汽車，蜿蜒如長蛇一般。突然冒出一個新景點，有人遠從臺北、高雄而來，特地坐在那條長板凳上，學金城武風流倜儻狀，照幾張像片，那棵茄苳樹被人稱作金城武樹。7 月 23 日，麥德姆颱風來襲，正從台東縣池上鄉一帶登陸，把樹吹倒！臺灣人一邊為在澎湖 GE222 班機墜毀的死傷同胞傷悼，一邊為那棵大樹難過。

　　據池上鄉鄉長林文堂說，它一年招徠 70 萬人遊客，帶來約 7 億經濟產值。（I see you）使人看到這一棵傲然獨立的美麗大樹。樹剛吹倒，地主謝維竣和她母親吳秀蘭心中暗自高興，認為可就此擺脫掉大量的麻煩和喧囂，但立即轉念，通知鄉長趕快來救。她說，這棵樹是她爸爸于 40 年前種的，是為了讓他家耕田的老牛能有一片樹蔭稍事休息。起先長得極慢，不想活的樣子，但在十多年後，因道路整建，它的地基擴大，突然快速長大。

　　鄉長喚來的工程隊有十多位工作人員及大批工具，包括一部大型吊車。更重要的，來了一位（樹醫）楊漢財，他帶來他的大藥箱。老楊說，此棵（神樹）應可醫好。茂密的樹冠先鋸除，也鋸掉不少（橫生的）枝葉，鋸口塗藥，噴樹脂，綁上乾淨的粗麻繩。重做地基，填充老遠運來的上好黃土。樹根也得細心整修，剔除已損壞的部份，敷灑（開根劑）。把光禿禿的茄苳扶正。周圍修建檔土牆，不讓養分及水分流失。有一位旁觀者說，換他作主的話，他要買一棵更大更漂亮的來（替換）掉。臺灣人寧願原物原地復建。

　　日本皇宮的樹醫也聞聲連夜趕來，他不發一語，專注的在旁邊觀看。事後他低聲說，此樹可保住，但須修養數個月之久，之後會長得比原來的樣子更神氣。他盼望遊客別動手觸摸，尤其在最初的幾周之內。

2014.7.27

117. 碎塊（一）

　　雨後泥濘，濕土沾滿布鞋，連鞋帶也糊塗了。又以走在狹窄彎曲的田埂上，只想快快通過。多大面積？到那兩棵樹那裡，右手水草間的有一條小河流，左邊有一口老井，一畝多少錢？其實那時候我還不知道一畝有多大？合多少（坪）。隨興吧！買得對不對？問老天給不給我。

　　正好包包裡有美金一萬元，我掏出來交給那一位村書記，就當訂金。我說我會在一個月後再來。他找了又找，找到一張 10 公分見方的紙張，薄薄的，寫上（收到臺灣施先生訂金美金一萬元），寥寥數語。村裡一位老嫗抱來一隻西瓜，沒有刀子，沒有墊板，她往地上一塊石頭上猛砸，登時破裂，果汁淋漓，她挑一個最大的碎塊給我，請我解渴。

　　已是上一個世紀末稍發生的舊事了，距今 20 年多年，已天翻地覆，還天天有新鮮的事情發生。

2018.5.31

118. 小女兒的哭聲／碎塊（二）

福建武夷山《印象大紅袍》電光歌舞秀，張藝謀的作品，在九曲溪風景勝地演出。當地屬於丹霞地質，因地層斷裂，造成層層黑褐色的嶙峋岩峰和彎來彎去的溪流，峭崖間則有一塊塊富含各種礦物質的潮濕茶園，生長出大紅袍、肉桂、水仙等五十餘種高貴茶葉。

說是朱熹14歲來到武夷山，直至71歲過逝，在此山區讀書、著述、教學，一代大學者在此山水間生活了五十餘年，說他愛喝茶，喝老茶養神養身。

說是那一個村子裡出了一個異常聰穎的小孩，日夜兼讀，由秀才而舉人，終於要遠赴京城考狀元了。鄉親們省吃儉用，湊足了一大筆盤纏，在眾親友的至誠祝禱中，他買舟北上。他考得狀元，皇帝賞他一襲大紅袍，他跪稟皇上，恩准把那一件煌煌大紅袍轉賜給老家那一株有特殊韻味的岩上茶樹。如是我聞，此樹數百年來已嘉惠了樹旁周遭數百數千數萬個茶農。

有人指責張藝謀破壞了自然生態，更多的人擁戴他，說他讓遙遠的山村富裕起來，助長武夷山岩茶行銷天下。在露天黑夜裡表演，最忌手機燈光干擾，偏有不少愚夫愚婦不聽規勸，掃人興致，不料靜坐鄰座的年輕婦女也撥弄起手機來了，斷斷續續，聽到小女兒在哭泣，媽媽安慰小女兒，等媽媽回去後說給你聽。怎沒帶她一起來，說不定媽媽也在內心裡哭泣。這類商業活動，老人幼兒一律買票，一張普通票要價 238 元，沒有商量。

2018.6.9

119. 異地移工／碎塊（三）

　　2006 年在台工作的越南、菲律賓、泰國、印尼等東南亞國家人民合計達 36 萬 5060 人，迄今年三月底，已達 67 萬 9464 人。他們的平均月薪是台幣 2 萬 6308 元，以 4.6 換算，合人民幣 5,719 元。臺灣各地因此自然設立了許多有外國特色的商店區，如臺北市內的（金萬萬名店城），各國商店林立，台中火車站附近的東協廣場大樓更誇張，全大樓內分設東南亞各國商店約 800 家。舉凡餐飲、衣物、日常用品、書報雜誌、電話卡、外幣匯兌、匯出、機票訂購，乃至美容、美甲，又如娛樂性的卡拉 OK，一應俱全。讓他們住在臺灣一如活在自己的老家。

　　46 歲的張正，12 年前創辦供新移民與移工閱讀的《四方報》，3 年前再創辦（燦爛時光）東南亞主題書店，再創立（移民工文學獎）。陳凱翔與朋友合辦 One Forty（台灣四十分之一移工教育文化協會），設移工（人生學校），開設中文、理財、電腦等課程，既讓他們融入臺灣生活，也協助他們回到老家後創業成功。

　　臺灣人口老化，政府及民間多盼望多一些年輕的外籍移工長留臺灣，最好與臺灣人結婚，生下新一代臺灣人。臺灣人不在意人種混雜，依實際紀錄，外籍移工家屬的小孩，在讀小學低年級的時候，學業成績會有些滯後，但到中、高年級後往往便會追趕上來。現時臺灣的立法院已有一位原籍柬埔寨的年輕女性立法委員。政府正從修改法規入手，讓移工們容易長久、永久居留臺灣，臺灣多元化，兼容併蓄。

2018.6.11

120. 講國語／碎塊（四）

1945 年我要入學，但不知怎的，錯過了第一學期，直到第二年過完年，才從第二學期唸起，我不會唸ㄅㄆㄇㄈ、ㄉㄊㄋㄌ，只好在老師帶讀課文時，拼命在旁邊塗鴉，畫一些自己才認得的圖記，這辦法有效，我趕了上來。我讀的是台中師範學校附屬小學，教我們國語的是很年輕的蒼磊老師，北平來的吧，字正腔圓，長得很美麗，人又好，上國語課時，我常有一股幸福的感覺。

那時候我常常跟人打架，有一回跟同學張伯甫打了起來，他成為台大醫院醫生時，正值臺灣第一次施行人體器官移植手術，他是手術小組的成員之一，他到美國深造，聽說後來他傳教比行醫更用心，二個小孩子拼命扭打，我終於把他壓制在地，一秒、二秒、三秒，我認為勝負已明，於是放手，不料張兄卻乘機（弄）了我一下，我很痛，更覺受到羞辱，不覺放聲大哭起來！蒼老師正好走入教室，她看到我氣極大哭的樣子，急問什麼事，我沒理她，逕自回家。

回到家時，氣已消泄大半。放學時，有一位住在附近的同學拿了一張我畫的圖畫給我，他說，蒼老師叫他帶來給我，還誇那張畫畫得好！自小學畢業後，我再沒見過蒼老師，我老惦記著她。

2018.6.12

121. 愛講國語／碎塊（五）

有一次台中一中的同學聚會，劉武哲，他當過陽明大學醫學院教授，還當過一任考試院考試委員，他說，他曾陸續看到我寫的幾篇文章，他也很想寫一些文章，但寫不出來！他告訴我，（你從小喜歡講國語）。這一句（愛講國語），讓我思索再三。

我家在台中市西區區公所附近住過一段期間，鄰居有過東北籍的立法委員金紹賢、後來還升任陸軍總司令的山東籍劉安祺上將、當警察局科長的余先生，余先生的大姊當過台中女中的校長，听說是廈門大學的第一位女性畢業生，他弟弟與我大姊結婚。隔幾步遠，有胡姓醫師世家，胡先生當過衛生局局長、衛生廳廳長，他的女兒是當今臺灣的眼科大名醫，女婿現任台大醫學院院長，胡太太的弟弟跟我二姊結婚。有一位被當時當地唯一的大學院校台中農學院敦聘延任的日本教授，他家有二個男孩，一個福建來的年齡稍大的男孩，還有我及另一個臺灣孩子，五個人常常混在一起戲耍，我跟那一個潘姓的臺灣小孩不太對頭，動不動就會扭打起來，他後來成了一位騎腳踏車的名將。

新來一位大陸來的農學院教授，他在附近住沒多久，我不知他的尊姓大名，那時候除了（半山），幾無

人會講國語，他很驚訝，怎麼這一個鄰居臺灣小孩很快
的就學會講國語了？！他問，你什麼都會講嗎，我說（有
一點不會！）妙哉，答覆得很有（玄機）的樣子！此際，
我很想談論（華夏文化）、（炎黃子孫），也談（去中國
化），但恐怕會同時招來臺灣及大陸的議論。筆者老矣，
欲安靜過日子，這類文章就算寫了，也不輕易公開示人。

2018.6.13

122. 講清楚／碎塊（六）

　　我寫的短文，似乎有越來越（講不清楚）的狀況，有朋友說我沒把話（說清楚，講明白），不滿意。如《講國語》一篇，我一方面在追憶讀小學時候的蒼老師，表露對她的愛慕，你（感受）到了嗎？（感覺）到了，這文章就算寫成功了。《愛講國語》那一篇，尤其是最後的一段話，啟人疑竇，讀者或想知道我對（華夏文化）的理解，但我又沒說，哪來清楚不清楚的問題。

　　張大千先細筆描繪仕女圖，漸大筆劃猿猴、荷花之類的具體東西，最後用粗筆揮灑類如山水畫的（色塊），已算是抽像畫的一種，畫得越來越不清楚，但藝術價值愈高。順便一句，你喜歡張大千的明快還是趙無極的凝重或猶豫。兩者我都喜歡，看當時的心情為定。

　　（好雨知時節，當春乃發生。隨風潛入夜，潤物細無聲。）你去問杜甫（這是什麼意思）？怎不講清楚。

　　剛從景德鎮旅遊回來，看到不少瓷器的碎塊、碎片。要面面俱到、完整的敘述一件事，很難，看看能不能只談些零碎，由讀者自己去組合若干故事、印象或感覺。

2018.6.15

123. 柳條依依／碎塊（七）

今年一月，我看到她人好好的，我希望我大姊還能再撐幾年，兩年來她病痛纏身，時常需要輸血，她很累，我姊夫九十一歲，他說他要活到一百歲，要我大姊多陪伴他幾年，她再沒力氣陪他丈夫，今年三月過逝。

余先生的大姊，前文我提到的，曾當過台中女中校長的那一位，去年在美國，有一天她自己洗好澡，換好一身衣服，躺在床上，一睡永不天亮。當年 100 歲。

老戴的母親，那一天上午還買了好幾張股票，下午入院，晚上走人。老楊的父親，那一天怎麼那麼好睡，喚他吃飯，不起來，趨前一看，看他面貌安詳，好像已走了幾個鐘頭，全沒事先跟家人說一聲。

水田一片
插完秧後離去
柳條依依
　（松尾芭蕉　　鄭清茂譯）

2018.6.16

124. 劉醫師／碎塊（八）

　　最近兩次，我約楊教授出來吃飯聊天，他支吾其詞，不出來，他反過來問我，（你怎麼還這麼羅曼蒂克）！我問老林，老楊怎麼了？林教授說，楊太太背部不舒服，開刀，手術失敗臥床，老楊照顧愛妻，不出門。莊靈開攝影回顧展，他說楊教授帶著他老婆還有 2 個妹妹，一行五、六人，興高采烈來看展覽，他說他看不出楊嫂有任何（不平常）之處。我再次 call 老楊，楊回，他太太一隻眼睛罹患青光眼，所以他不出門，（有這麼嚴重嗎？）我問，他回嗆，我欠缺醫學知識。我跟楊、楊跟林，林跟我從前都曾過從甚密，於耄耋之年，有了隔閡。

　　每回回臺北，例必找仁愛醫院的劉茂和醫師，他是千軍萬馬中鍛煉出來的手術醫師，曾當過該院的醫療副院長，同院的年輕手術醫師如遇到（狀況），必急忙請他幫助。他剛開始他的（血刀）生涯之初，曾把一隻剪刀遺落在病人肚子裡，此事喧騰一時，幸好他沒被拔掉行醫資格，否則就不會在其後的五十年間救人無數了。他在去年 10 月過世，他夫人說，那時候她曾 call 我許多次，找不到人。2002 年，我突然變得血淋淋的，我到仁愛大醫院找他，他（輕鬆）告訴我，沒那麼快死！好像是說我還能存活一、二年的意思。我已多活了十六年之久，今天是端午節休假日，我照樣在陋室內塗塗改改，我自覺好像是一個努力工作的人。

2018.6.18

125. 臺灣組合／碎塊（九）

2018 年 7 月 12 日，臺灣行政院長賴清德宣佈改組其執政團隊，原任發言人徐國勇改任內政部部長，新發言人則是現任的一位不分區立法委員谷辣斯·友達卡，她1974 年出生，東海大學碩士，是一位阿美族臺灣原住民。堪稱世界級歌手的張惠妹、已連任多屆立法委員的電影演員金素梅及鋼琴演奏家陳瑩都是原住民美女，但她們身材不高，只有谷辣斯·友達卡（Kolas yotaka），有一付運動選手的好身材。

谷辣斯改當行政院發言人，遺缺由桃園市客家事務局局長蔣絜安遞補，她在立法院宣誓就職時，以客家語發聲，有人有意見，她回話（用自己的母語發聲是天經地義的）！絜安？我查《新華字典》，絜讀 xie，又同"潔"jie。她出生於書香人家，她公公是臺灣著名文學家鐘筆政。

我是（臺灣組合）之一員，我有幾個孫子、孫女兒長住臺灣，另有幾個定居蘇州，其中的倆位領用中華人民共和國的身份證。一家人同時出國旅遊，有人持 ROC護照，有人持 PRC 護照，我既是臺灣組合之一員，也是中國組合之一分子。臺灣組合與中國組合部份（重疊）。

2018.7.18

126. 兩岸人來人往／碎塊（十）

　　不顧兩岸於（2008.6.13）所簽署的《大陸居民赴臺灣旅遊協議》，今年七月底，陸方決定自 8 月 1 日起，暫止 47 個省市陸客赴台的（個人行），隔幾天，又有 13 個省市的（團隊）赴台人數也被縮減。臺灣民眾赴陸人數多得多，臺灣政府從未限制。據聞臺灣 2300 萬人口中有一半去過大陸，有人以走遍全國各地為榮，我有一個親戚竟然已收齊大陸各省的石頭。

　　全球各國都在提倡觀光旅遊，都在祈盼境外旅客帶來消費，提振經濟。臺灣自 2016 年 5 月 20 日民進黨的蔡英文總統上任後，陸客遊台人數便明顯減少，但因中國以外的旅客增加，來台遊客的總數反而增加。

　　除了人多人少，還要看各國遊客的消費實績，依臺灣交通部觀光局的統計，境外人士，每人每天的美金消費額為（A）、消費總額內的購物費為（B），製表如下：

項目	A.總消費	B.其中的購物費	序 列
日本	214.05	40.68	1
韓國	194.58	46.29	2

大陸	184.38	83.03	3
港澳	183.92	51.30	4
其他國家	179.45	50.81	5
東南亞	152.25	42.43	6

2019.8.10

127. 香港不安／碎塊（十一）

　　2019 年 6 月 9 日，香港街道的（反送中）集會已由先前的零星，聚成規模。所謂（反送中），大意指的是反對香港政府修法，把涉嫌觸犯中國法律的香港人、大陸人以及外國人移交給中國大陸的法院審理。6 月 12 日及 6 月 16 日的街頭運動聲勢驚人，有人估計有 100 萬、200 萬人參加，香港警方發射催淚瓦斯、橡膠彈等，有多人受傷。7 月 21 日新界元朗疑有（黑社會人士）介入，攻擊示威群眾。8 月 3 日，有一抗爭人士自旗杆上降下五星國旗，並拋棄入海。8 月 5 日有罷工、罷課、罷市（三罷）集會。從 6 月初開始的週週都有的集會，參加的人多數是年輕人，以大學生為主，但三罷集會有公務員、金融業、教育等 24 個行業人士分 8 處分開舉行，已成全面性的抗爭活動。而抗爭的訴求已從原來的（反送中），擴大為反（一國兩制）。迄 8 月 11 日，街頭騷亂尚無平息模樣。

　　英國人憑恃一紙移交香港給中國之前所下簽的《中英聯合聲明》而數度發言，中國北京不悅。上一周，美國駐港外交官走訪抗爭人士黃之峰，陸方憤而公佈該外交官及其子女的姓名、相片等私人資料，這一下，美國國務院竟指責中國為一流氓（政權），香港動亂也逐漸成為國際紛爭。

香港有中國駐軍約 5000 人，有人指出，那 5000 人，加上跨界進入香港的陸方軍警，以各種不同的模樣靈活出現在群眾場所。中國對香港動亂頭痛不已，但未能即時派兵弭平，香港是一重要國際金融中心之一，也有自己的特別關稅地位，是國際資金進出中國的重要管道，甚至也是部份陸方權貴（運用）資金的重地，如一下子喪失掉那些功能，香港就不再是香港了，怕玉石俱焚也。

2019.8.12

128. 不讓參加金馬獎／碎塊（十二）

繼限制大陸一般人民赴台旅行，8月7日，中國又宣佈，不准陸方影劇人員與電影參加今年的臺灣金馬獎。這項決定明顯會影響兩岸之間的文化交流，不論在臺灣、在大陸，都有人心中不滿，唯不敢說出口而已。臺灣金馬獎設立已久，在世界影壇有一定的地位，更是世界華人圈中最重要的影劇活動。大陸影劇人員得過金馬獎項榮譽的人可不少，視其為一生中最重要的成就之一。接著預定即將舉行的兩岸書畫展、花博會參訪等等文化活動陸方也都叫停。大陸把金雞百花獎的永久地址設在金門對岸的廈門，似乎是叫臺灣人到大陸，參加他們的比賽，不准大陸人來臺灣。臺灣因為學術自由、創作自由，臺灣的整體藝文活動多彩多姿，文化氣息濃厚。

臺灣的總統大選將於半年後投票，變數頗多，但如無特殊意外，蔡英文可能連任成功。大陸在人力、物力上投注甚多，欲拉下蔡英文，但恐影響有限，說不定反而更糟。管他什麼人被選為臺灣領導人，大陸當與當權者（商量）辦事，說民進黨不好溝通，國民黨容易，真這樣嗎。臺灣如此，美國亦然，不能說等明年11月底，等川普落選後，再來與新的美國總統談事吧。

2019.8.13

129. 提高工資／碎塊（十三）

臺灣（基本工資）審議委員會，於 2019 年 8 月 14 日決議，自 2020 年元旦起，月薪提高為 23,800 元，時薪為 158 元（除以 4.5，則合人民幣約 35 元）。這是蔡英文就職 3 年半以來的第 4 次調高工資。馬英九不太調薪，他傾向多照顧資方的利益。這一新的薪資，從臺北市的富庶區到臺灣的任一處窮鄉僻壤同樣適用。

再算一算，時薪 1 小時 158 元，1 天做 8 小時成 1264 元，如一個月做 20 天，則成 25,280 元，比法定的最低月薪高，因為，領時薪的人多半為學生打工者、婦女兼差者以及臺灣本國臨時勞工，他們需要較多的關懷。

代表僱方的公會代表頗表不滿，都說他們承受不了這種較高的工資負擔！他們說，臺灣今年 6 月的經常性月薪約 4 萬 1800 元，在 OECD 36 個國家中排名第 14，（基本工資）則排名第 12 位，非（低薪）國家。圓臉，一向笑臉迎人的勞動部長許銘春雖態度客氣，但堅持原則。她律師出身，性格強韌。

之所以能順利提高工資，自然也有其客觀條件，自 2016 年 5 月以來，臺灣股票平均漲約 3 成，失業率 3.7% 創新低，GDP 成長 2 至 3%。GDP 真漲近 3%，市面上就會有欣欣向榮的模樣。

2019.8.16

130. 班超回家╱絲路（一）

　　西元 102 年，東漢永元 14 年，西域都護（新疆總督），都府設在龜茲（今庫車一帶）的定遠侯班超請求告老還鄉，他在寫給東漢和帝劉肇的報告中說，他延命沙漠，至今 30 年，骨肉生離，尚存人世的遠親，相見也不相識了。當年隨他前往西域的 30 個部下，且已無一人。他說他已年老體衰，頭髮無黑。……連一根黑頭髮也沒了。

　　如果不准他回到首都洛陽，懇求至少讓他進入敦煌玉門關，這樣子他就算回到漢界了。劉肇讓他回家，他向和帝詳細報告了西域情勢，皇帝和皇后熱忱接待班超，溫言安慰，並派御醫治療宿疾，賞賜高貴藥物。

　　他在洛陽街市漫步，驚見眾多西域各國男女，操其本國語言（印歐語系，伊朗語族，雅利安人種），販售他們各自的特產。一群路旁嬉鬧的幼童，視這位身材高大，身上散發著莊嚴貴氣的古稀老人，為一位新來乍到的西域王公，喊他為（胡人）。6 年前，西元 96 年，班超受封為（定遠侯），領地千戶。雖然他身上穿著漢朝貴族的華貴服飾，但在多年滯留沙漠諸綠洲之間，不知不覺中已被胡地、胡人浸染，改變了容貌及姿態。

　　班超是《史記後傳》作者班彪的兒子，著《漢書》

的班固的弟弟，班昭的哥哥，出身最尊貴的書香家族，他投筆從戎，他在 42 歲的時候參加前往西域攻略匈奴的大軍，30 年過去了，於今七十又一，雖榮歸故里，但人事已非。他曾違抗朝廷命令，一直擔心會被皇帝治罪，如今得以因功贖罪，緊張萬分的身心，終完全鬆弛下來，他此時已無任何懸念。他在進入洛陽城後很快撒手人世，僅隔十多天而已。漢朝皇廷厚葬了班超。

2017.4.12

131. 趙行德在河西走廊／絲路（二）

很久很久以前，趙行德在甘肅敦煌莫高窟千佛洞裡埋藏了大量佛經，以避開黨項族西夏王李元昊引燃的戰火，敦煌距離玉門關不遠，是進入新疆的必經之地，班超就由玉門關進出新疆南部。倆人前後相距約 1000 年，但在今天看來，趙行德的事好像是（昨天）的事，而班超的所作所為，像是（前天）所發生的事。

西元 1026 年，北宋仁宗年間，湖南潭州府舉人趙行德赴京考進士，那一年有三萬三千八百人參加，僅錄取五百人，錄取率近 1.5%。當時他 32 歲，出生儒者世家，書讀得好，幾場筆試都輕易過關，但在尚書省的考場，於接受個別的面試時，他被刷掉了。他在等候區等著逐一唱名入場時，在一棵老槐樹下睡著了，沒聽到官員喚他？還是，他生得矮，考官看不起他？

趙行德懊惱，也生氣了幾天，但他很快就想開了，不當官，且當兵去吧！他從北宋首都開封開始向西北方移動，半年後，他來到西夏的首都興中府（今寧夏銀川），他沒當宋兵，因緣巧合當了西夏兵，被編入西夏軍隊裡的漢人部隊，這一支漢人營隊出戰時常當前鋒，拼起命來，銳不可擋！打戰敢衝敢死就能殺敵獲勝，誰管你個子高矮，長得好不好看。

　　趙行德在部隊裡可不只是一位文職參謀，他參與實際戰鬥，他多次隨隊長朱王禮衝入敵陣，以朱王禮給他的一匹機敏戰馬，帶著新型利器（旋風炮），低頭伏在馬背上，一邊彈射石塊，一邊死命狂奔。有一回，他們30個人與一支近百人的敵軍正面遭遇，鏖戰半天，最後只有朱王禮和趙行德脫身回營。

　　　　　　　　　　　　　　　　　　　　2017.5.8

132. 學者當兵／絲路（三）

　　趙行德一路走一路學各地語言，在銀川遇到一位通曉突厥語與黨項語的年輕漢人，學得更快，不久回鶻話、吐蕃話、西夏話都能通了。隔了一段時間，他要繼續西進，此時因情勢緊張，各國間衝突加劇，路上很不平靜，他沒能領到通行證，他只好加入一支回鶻商隊，領隊看他機伶，有本事的樣子，樂得讓他加入。

　　沿著賀蘭山東麓與黃河西岸間，向現在的青銅峽市方向走，他的目的地是玉門關，走了四、五天，有時在水草地帶，一忽兒又穿入沙漠地區，路途上屢見有小股騎兵隊匆促跑過，也不知是何方軍人，他們好像都有危急任務在身，不理會這一支慢吞吞行走的駱駝商隊，又走了兩天，在半夜休息的時候，突然被大隊人馬的巨大吵雜聲音驚醒，他們急忙拔營逃避，途中猛然又見另一大隊不同旗幟的騎兵出現，擋在前方，駱駝商隊不由自主的四處團團亂轉，日出時分，馬群凌空躍起，駱駝也嘶吼著四散奔躥，他們被圍，有飛箭射向他們，商隊倏忽解體。趙行德被幾名操漢語的士兵活捉，被抓到在朦朧中逐漸呈現出來的一座大城牆裡面，原來已到西涼府（今甘肅武威）。

　　趙行德挨拳、被踹，受嚴屬盤問，最後被扒光衣服，換穿一件骯髒的西夏兵軍服。他被編入漢人部隊，隊長朱王禮，已四十歲，是個文盲，但打戰勇猛，屢打勝戰，當時還只是一個百夫長，但那時候李元昊正在極力擴大勢力，周邊爭戰頻繁，朱王禮便因戰功快速升遷，由三百夫長，再跳成為帶領三千人騎兵的大隊長，算是將軍了，當然，常在他身邊輔佐的趙行德也水漲船高。短短兩年，由一名士兵晉升為上校參謀長。之後他們被派常駐沙洲及瓜州，閒暇甚多，湖南舉人趙行德恢復成為讀書人，讀佛經，思想佛學，與當地許多寺院的主持及智僧往來，不止於佛學，他也編列漢文與西夏文的對照表，轉成一位學者。

2017.4.12

133. 月光玉／絲路（四）

　　昆侖山北麓，新疆阿裡木盆地西南方的於闐，自古盛產溫潤如脂，晶瑩迷人的玉石，富裕的婦女佩帶玉鐲、玉鏈，男人當腰際飾物，或當書房珍寶，古代政府也用做祭祀器物，河南安陽殷墟中出土的 756 件玉器，經鑑定都來自於闐。最叫人難忘的一塊玉叫（和氏璧），有一句成語叫（懷璧其罪），頂級的玉石，有幸隔著厚櫥窗看看就好，千萬別起心動念，更別試圖伸出手來，否則，後果難料！

　　朱王禮和趙行德帶大隊騎兵分別進駐沙州和瓜州，漢人節度使曹賢順和他的弟弟曹延惠大開城門，迎接這一支西夏軍的漢人大隊。曹家的節度使名號是（私相授受）傳襲下來的，與唐與宋都已無實質上的隸屬關係，整個河西一帶，早已分別由回鶻人、吐蕃人等不同族群分別佔領統治，唯敦煌、玉門這一帶仍歸漢人實際掌控。曹氏兄弟後來還與朱王禮連手，反抗李元昊，但當時西夏兵馬正盛，不是對手。

　　有一天，趙行德隨著朱王禮血戰甘州（今張掖），這是一場關鍵性的大戰役，當勝負已明，天已黑，趙行德奉命進入這一座已如死城的地方，他步步小心的攀爬三丈高的烽火臺，他點燃狼糞，升起陣陣濃煙，連著五柱濃煙，向仍在城外清理戰場的朱王禮示意，表明他們這一股小部隊已順利入城。他看到，在烽火臺內的小角落裡蜷縮著一名高鼻樑、深眼窩、黑眸中帶著極度驚懼的年輕回鶻女子。她登高瞭望父兄和丈夫在城外血戰，看來凶多吉少，或已戰死！她身著皇家婦女的窄袖低領長裙。

趙行德於暗夜引領她躲入一家富戶的隱密地窖內，逐日供應食物和飲水，也相談幾句，直到第七天，他才得到了她。她仍不能公開現身，在那種情況下，趙行德未必保護得了她，稍一不慎，她會立刻遭受一群如狼似虎，半是官兵，半是盜匪的人群輪暴。

1036 年，李德明、李元昊父子開始創制西夏文字，趙行德熱心參與其事，他還建議，讓他回開封府招攬幾位漢人學者加入工作團隊，就在那幾天，趙行德奉命立即動身。萬不得已，他把那一位回鶻郡主交給朱王禮保護，朱王禮看到這一位異族貴族的年輕美麗女人，比擄獲一大袋珠寶還要興奮，滿口答應，他發誓一定不會（監守自盜），誰知道！？臨別依依，趙行德說他一年之內必定回來，將與她舉行公開隆重的結婚儀式，她取下一串極為晶瑩的珠玉項鍊給他。聽說那就是傳聞已久的于闐月光玉。

趙行德兩年後才回來，回鶻郡主不在朱王禮身畔，聽說那一位於闐美女隔沒多久就被李元昊看到了，姓李的二話不說，下令姓朱的於第二天送進李府，朱極度憤恨！當天夜裡，她把她頸上的另一串月光玉送給朱王禮。李元昊（族名嵬名曩霄）1003 年出生，1032 年稱帝，1048 年歿，是一位亂世中的梟雄，也是有文化的大人物。不少自敦煌出土的文物是他們李家掌權時代留下的。他 45 歲時暴斃，聽說與那串月光珠有關，他是被人設下陷阱殺害的，聽說那一群暗殺團中有姓朱的和姓趙的。

2017.5.14

註：李元昊自幼通曉漢、蕃佛典、法律、占卜、精于軍事謀略，他於 1036 年前後創 6000 字的西夏文字，西夏文典現今多半存置於歐美。西夏嵬名曩霄於 1034 年發佈剃髮令，命人民剃去頭顱頂部的毛髮，留劉海，留面頰兩旁的鬍鬚，後來契丹人、女真人跟進。2017 年，北朝鮮大王金正恩另發明一種新髮型，獨樹一支，不准別人學他，他擁有核子武器，老愛試爆、試射，引起諸多困擾。

134. 新疆／絲路（五）

　　讀歷史，要同時看地圖，看中國地圖出版社 2008年版《中國分省地圖集》第 206 頁（新疆地勢圖）。（西域）就是新疆，新疆實際上可清楚分成南北二塊，由東西向的天山山脈分隔而成。北部新疆，即準噶爾盆地，也是古爾班通古特沙漠，長久以來就是蒙古人的地盤，清初康熙、雍正、乾隆打了又打，收效甚微，大軍來襲時，蒙古人四散，匿蹤，敵軍一走，就恢復常態。西漢時期，蒙古人叫做匈奴，情況與清朝相似，可說 2000年來變異不大。開疆群土多憑武力，且須由最強盛的（開國皇帝）才能做到，可是，遲至清光緒 10 年，公元 1884年，新疆才被清朝併吞，設縣，任劉錦棠為甘肅新疆巡撫。

　　翌年，1885 年，清廷改福建巡撫為（福建臺灣巡撫），劉銘傳為第一任巡撫，10 年後，1995 年，清廷簽《馬關條約》割讓臺灣給日本人，日本派樺山資紀為第一任總督。臺灣問題十分複雜，大陸海協會長陳德銘說，需要（小心慢燉，久久為功），習近平說，須在建國百年，即 2049 年之前解決。

　　一帶一路，特別是陸上絲路的硬體擴建、產能合作、貿易投資等問題，是當前最受關注的全球性問題之一，由中國大陸主辦的（一帶一路）國際合作高峰論壇於 2017 年 5 月 14 日在北京開講，有 130 個國家的代表含 29 國元首或行政首長參加，1500 人與會，4000 名記者採訪，習近平國家主席出席並發表主旨演講。有人表示不解，為什麼沒有臺灣代表參加。

臺灣問題從 1949 年迄今，已近 70 年，老是看著快要解決了的樣子，實際卻好像越來越難。或許共產黨心中老想著國共內戰，上個世紀在中國大陸進行的國共內戰早在淮海戰役（徐蚌會戰）之後便已結束，但他們一直不能忘情。還有，別老問臺灣人，跟大陸合併有什麼不好？問問臺灣人，與大陸合併了有什麼好處！你要人家跟你好，人家一定會先考慮跟你好有什麼好處，簡單明瞭，不是嗎。

2017.5.15

135. 南疆／絲路（六）

　　狹義的西域，指的是南疆，南疆又分北道和南道，天山山脈的南麓，如哈密、鄯善、吐魯番、焉耆、庫車、阿克蘇、喀什等地叫北道；隔著阿里木盆地（塔克拉瑪幹沙漠）處昆侖山脈北麓的若羌、且末、民豐、於闐、策勒、和田、墨玉、莎車等地叫南道，烏魯木齊正處在天山山脈的山峽間，偏北，算北疆吧，實際歸屬南疆的北道。

　　陸上絲路大致有 3 條，北路的絲路經伊犁河畔的霍城出界，往哈薩克走，甚至遠走俄羅斯；中路自喀什（疏勒）出國，往吉爾吉斯（烏孫）、烏茲別克（大宛），經花剌子模（波斯，今伊朗及周邊大區域）、抵巴格達（伊拉克），至地中海東岸，這一條是主線；南路要攀越蔥嶺（帕米爾高原、喀喇昆侖山一帶）進阿富汗、巴基斯坦等貧困的崇山峻嶺國度。走這條路的人有些是為了轉入印度取經，如玄奘大師。

　　（帕米爾高原）天然阻隔中國與阿富汗、巴基斯坦等國之間的往來，此際中國人想貫通，建（中巴經濟走廊），在面臨阿拉伯海的瓜德爾港建立出海口，除印度河流域 5 個水電站外，還計畫在印度與巴基斯坦間有主權之爭的克什米爾的迪阿莫·巴沙興建大水壩，但此舉遭受印度公開反對，印度是另一個崛起中的世界大國，其年輕勞動人口比中國多。阿富汗更麻煩，俄羅斯人及美國人都曾在此打仗多年，徒然耗費許多金錢，損兵折將，幾一無所得，阿富汗也有恐攻份子出沒，貫通高原與崇山的原有隔離，是福是禍，尚未可知。

　　（一帶一路）論壇開會兩天后結束。習近平宣佈，將於 2019 年舉行第二屆，形成類如 G20 國際合作的常態論壇。習主席指出，（一帶一路）要達到政策溝通、設施聯通、貿易暢通、資金融通、民心相通的（五通），反對美國此際正在進行的孤立主義和保護主義。會後製作（公報），惜德國、法國、英國等國以破壞大自然環境等理由不肯簽字。

　　　　　　　　　　　　　　　2017.5.17

136. 樓蘭／絲路（七）

　　399 年，東晉時代，大和尚法顯帶領數十人前往印度，他要學習印度語文，讀佛經原文。他在旅行手記中說，出玉門關，渡沙河，沙河中多惡鬼惡風，遇則皆死，無一全者，上無飛鳥，下無走獸，極目遍望，唯見死人枯骨。隔了 246 年，唐僧玄奘大師於 645 年取經回國，途徑樓蘭，但那時候樓蘭城早已深埋沙土之中，連羅布泊湖也已乾涸，只留下了許多引人遐想的傳說，玄奘在《大唐西域中說》，（行四百餘里至……，城皆荒蕪，再東行六百里，……人煙斷絕，再往東北方行千餘裡，即傳說中的樓蘭地也），樓蘭城已湮滅。在班超到來之前，樓蘭國是個人口 14000 人的小國，居民屬膚色偏黑，凹眼高鼻，五官輪廓分明的伊朗系雅利安人，他們之前也在羅布泊湖畔居住了數百年，以採鹽、捕魚為生，農耕並遊牧。因不堪匈奴人及漢人幾度來犯、掠奪，終於決定舉國西遷，他們放棄大湖（羅布泊），公元前 77 年，挑了一個較小的湖，今天叫鄯善（新水）的地方定居下來，此後，他們是鄯善國的鄯善人了。經過 1500 年，原已乾涸的羅布泊湖及周邊河流，如今又聞流水淙淙，綠草萌長，說是湖、河、游魚都要回來了。

　　絲路全長 7000 公里，中國境內，主要指長安到玉門關或陽關，長 1700 公里，占全長的四分之一左右。絲路是全人類的（大道），非僅中國人以絲綢等物換取中亞香料及寶石等商品的運輸途徑。盛唐時長安人口達100 萬，然而兩河流域的巴格達聚眾更密，達 150 萬之多。絲路也是傳播文化與宗教的（宏道），中國人到印度取經，日本人則來中國間接取經。爬苨嶺，經印度河，又沿恒河緩慢移走，玄奘是一位偉大的旅行者、探險家、以及文化、宗教的傳播者。日本人從奈良（京都）到長安或洛陽，以當時的條件，也是冒險犯難，與死神相搏的大事。如把這段路程也算進來，（絲路）長逾一萬公里。

2017.5.19

137. 日本人取經／絲路（八）

　　公元 732 年日本聖武天皇年間，中國唐朝唐玄宗李隆基在位，日本派遣第九次遣唐使至大唐，他們特地做了四條大船，由代表團團長多治比廣成率領，代表團官員連同翻譯、醫師、畫師等隨員，水手長、音聲長、修船師以及一般船工，一共 580 餘人，耗費浩大，舉一國之力為之。如以（類比）方式視之，中國在 2016 年於杭州舉辦 G20 盛大國際盛會，傳聞中央及地方共耗費人民幣近 2000 億元，差堪比擬。

　　當時佛教傳入日本約 180 年，普受皇家及庶民歡迎，但弊病隨之，為逃避課稅，有百姓競相出家，到處流亡。於是日皇及大臣們廷議，從全國選拔高僧九人赴大唐，選擇並邀請一位德才兼備的傳戒師來日，為日本設立一套完整取得僧尼身份與資格的制度。日本人慎重其事。

　　四月初，自奈良不遠的難波津出船，有許多人送行，呼聲四起，沿途停泊十多處小港，於月中抵達日本本土的最後一個港口大津浦，做最後一次整補，也等待順風，四月底終於出國了。

　　有二條路可選，遣唐使從第一次至第五次，都沿南朝鮮半島的西岸近邊走船，然後橫穿渤海灣口，在山東萊州或登州登陸，但此時日、韓交惡，新羅人不讓走，日本代表團只好從壹岐海峽的值嘉島，避開對馬海峽，一鼓作氣，漂往揚子江的出海口，從蘇州沿長江北上，由揚州繼續抵達汴州（河南開封）才登陸。他們原期待中國大皇帝在長安的皇家大殿堂，開豪華餐會，在歌舞伴奏下舉行一場讓他們終生引以為傲的盛宴，但此際唐玄宗已由長安移駐洛陽，他們就不去長安了。

　　海途中，四條船因風浪分散了，互不相見，而船上船員頭昏、胸悶，如昏死般隨處臥倒，憔悴不堪。第三條船第一個於八月漂到蘇州，計在惡海上漂蕩三個多月，隨後其他的三條船也先後抵達蘇州海岸。

　　日本特使多治比廣成等一行在洛陽停留近一個月，九月中旬循原路回國。留學僧則留下來各拜名師，住入各大寺院，他們可能要停留十幾、二十年或更久，日本智僧原本就會看中文經書，他們不必翻譯經書，他們要在中國高僧的指點下進一步研究佛理，或者有人只是日夜匯解，以工整的字體，正確抄經，想帶回日本。曾有一位著名的日本和尚玄昉，受大唐皇帝重視，御賜紫色袈裟一件，在回國時且奉准帶走 5000 卷經論章疏，他身兼大唐的三品大員。當然，也有人沒沒無名，一事無成。有人後悔，不來也罷。

　　阿倍仲麻呂也當唐朝官員，是唐玄宗的近邊人物，他的中文姓名是晁衡，與道家詩人李白、禪宗詩人王維等詩歌唱和。他以故國雙親年老為由要回日本，李隆基

卻不肯放人，仲麻呂在《古今和歌集目錄》中有篇常被
引用的短文。

> 羨慕義兮空有名，
> 欣得忠兮卻無孝，
> 報恩之日兮幾時有，
> 何年歸國兮不可期。

2017.5.20

138. 鑒真大和尚／絲路（九）

　　日本留學僧普照、榮睿等一行七人，於唐朝天寶元年（西元 742 年）從長安趕往揚州大明寺，已入冬，楊柳已老，蘆葦枯黃，一路的景色蕭條，趕路的人心情沉重。他們聽聞揚州的鑒真傳戒師有意東渡日本，於是匆匆拜謁而來。普照、榮睿一臉嚴肅，多半不言不語，普照心情更複雜，如真能迎得鑒真和尚返回日本，何等大事！一面卻留戀長安，他捨不得離去，他還有許多經書還沒讀完，甚至還沒（開卷）。

　　當年鑒真 55 歲，相貌堂堂，神采奕奕，端坐堂上。鑒真的徒弟，以及來訪的普照等七人，四十餘位僧侶正襟危坐在他面前，鑒真開口，他將東渡日本，弘揚佛法，有誰願意跟著前去？眾僧靜默，隔了一會兒，終生奉侍鑒真的僧人祥彥說，聽說淼漫滄海，極為險惡，百無一至，沒等祥彥繼續說下去，鑒真再度開口，仍無一人回答。鑒真三度開口，為了弘法，普渡眾生，縱身惡海，也須一試！你們不敢去，我一個人去！於是眾僧跪伏於地，有人心情激動，忍不住哭出聲音，眾僧都說願追隨其後。鑒真在三十餘位徒弟中指名十七人同行。第一次渡海失敗時，船上有 185 人，以及極多的物資。他們搭的船是航行大江以及沿海的小船，不堪急風大浪，唐朝在那時候也禁止人民出海。

　　鑑真五次渡海失敗，於753年隨同遣唐使藤原清河乘日本大船抵達日本，他帶有大批佛像及經卷，於奈良東大寺大佛之前設置戒壇，給日本聖武天皇及皇后授戒，成為日本律宗的開山祖師。759年設唐招提寺。一千二百餘年之後，周恩來請日本於揚州大明寺另建一座同樣的唐招提寺，並建立一尊鑑真大和尚坐像。他的故事還會繼續傳誦下去。

2017.5.26

139. 佛經／絲路（十）

先人過世，在舉行佛教告別式時，我們跟著主持儀式的師父、師兄、師姊以及眾近親們手持注音並清楚分段的大字本佛經誦經。在先父、先母分別於台中、高雄辦喪禮時，我們嚴肅其事，費時冗長，我們唸的是大經，如《金剛般若波羅蜜經》、《佛說阿彌陀經》以及《妙法蓮華經觀世音菩薩普門品》等，這些經典大經，用的仍是印度高僧鳩摩羅什的譯本，難以替代。

（觀自在菩薩，行深般若波羅蜜多時，照見五蘊皆空，度一切苦厄。……色不異空，空不異色；色即是空，空即是色。……），這是《般若波羅蜜多心經》，唐僧玄奘大師的翻譯傑作。此經反覆被中國人誦念，並書寫、鏤刻無數遍，如恒河之砂粒，不可勝數。

從東漢永平 10 年（西元 67 年），受邀來到洛陽的印度佛教學者（迦葉摩騰與竺法蘭）倆人開始，到北宋年間，至少有 160 人。法顯於東晉時（西元 399 年）到印度留學，經十五年，歷三十國，回來後翻譯梵文經典計百萬餘字。自法顯大師之後，到北宋年間，由中國到印度的留學僧，今天還能查明姓名的有 750 人。

1203 年，伊斯蘭教徒攻入印度，當時的印度超戒寺是一座舉世聞名的大乘佛教中心，竟被徹底摧毀，佛亡，倖存的佛教徒則避至西藏，成為注重理論、邏輯的藏傳佛教，清初幾位大皇帝尊崇喇嘛教，喇嘛教基本上就是藏傳佛教。

臺灣與大陸之間的文化隔閡主要是由（注音符號與漢語拼音）、（繁體字與簡體字）之差異所造成。漢語拼音與簡體字都須從幼時開始學習，就我所知，數百萬在大陸工作及生活的臺胞，嫻熟漢語拼音的不多，反過來，也有不少年輕的大陸同胞，視繁體字的臺灣報紙雜誌有如外國文物。臺北市捷運各站牌及路名都已改用漢語拼音。

2017.5.27

140. 密州／絲路（十一）

　　北宋（960—1127）時期，對外海上貿易十分發達，宋政府於廣州、泉州、杭州、明州、密州等重要港口設置（市舶司），管理各國商船，並課徵關稅。明州是寧波，密州是山東膠州，鄰接青島。不過，北宋趙匡胤家族統治山東為時短暫，不久那地方就被契丹人耶律阿保機（遼）以及其後的女真人完顏阿骨打（金）佔領了。西北民族更依賴馬匹和駱駝陸路遠行，不走海上絲路。

　　居住在少雨的乾燥地區的族群，只能在草原及沙漠邊緣蓄養羊、馬、駱駝為生，遊牧民族生活上必需的穀物，則需長程貿易得來，陸上絲路就此被一步步緩慢踏了出來。中國以及中亞境內的駱駝多屬雙峰，體重 450 至 650 公斤，比較耐寒耐饑，在中東（伊朗、阿拉伯地區），則常用單峰駱駝，他們體型較大，可載重 400 至 500 公斤，一天走 6 至 10 個小時，日程約 30 公里，單峰的也較善戰，有時成群結隊的駱駝衝鋒陷陣，宛如現代的坦克車陣。

　　由遊牧至農耕，乃至工業化。分散居住的人群逐漸聚集，開始了城市化的漫長過程。互助、分工，由簡單的衣食住行，而文化、藝術，乃至群居生活所需的民主、自治、選舉等現代的文明制度於焉產生。由宋史大家吳鉤的諸作品中，我們驚異的發現，北宋的城市人口占總人口的 20.1%，南宋 22.4%，而在清朝嘉慶年間只有 7%，民國時期 10%，1957 年才升至 15.4%。

另一組數字，北宋熙寧年間（1068—78）農業稅只占 30%，其餘的工商稅等非農業稅占 70%；南宋淳熙至紹熙年間（1174—1195），非農業稅更多達 85%。清末 1885 年，農業稅（田賦）占 48%，非農業稅（關稅、鹽課、厘金）占 52%。文明而富裕的南宋時代，宋政府一年有近一億貫的財政收入。一貫就是一兩銀子，其中來自市舶司的關稅，達 340 萬貫。那是一千年前的故事啦！我們常仰望過去威武的漢武帝、唐太宗以及清初的幾個大皇帝，那知，看似文弱，實則民富國強且多彩多姿的宋朝，才是我們應追趕的目標，北宋與南宋，自 960 年迄 1279 年，前後存續 320 年之多，為歷代之最，宋國是當時世界第一大國，人均 GDP（國內生產值）達 600 美元，當時的歐洲是 500 美元。

2017.6.21 於蘇州

141. 大宋錢幣／絲路（十二）

宋朝海上絲路流暢，與外國人貿易，除（貨易貨）之外，拿什麼當交易媒介，那時候銀子不多，要靠銅錢，法定貨幣單位一貫即是一兩銀子，一貫分 1000 文，北宋時期，一位普通城市居民，一日收入在 100 至 300 文之間，樵夫、漁夫、傭工較少，約 100 文，政府所定的（貧窮線）就是日入 100 文，100 文勉強能養活一個五口之家，但艱辛，尤其不能有家人生病。

1888 年、1898 年歐洲考古學家曾在非洲的弼琶羅（索馬裡）、密徐籬（埃及）、木蘭皮（摩洛哥）等國挖掘出來宋朝銅錢。一條從泉州出帆，沉沒南海深處的南宋沉船（南海一號），居然載有銅幣一萬多枚。南宋理宗趙昀當皇帝的時期，某一個春天的某一天早晨，浙江台州的居民一覺醒來，忽然發現（絕無一文小錢，在市行用），大鬧錢荒！在市面上流通的銅錢，原來都在昨天夜裡，被日本客商，以廉售日本商品的方式，悉數收羅到他們的錢囊之中去了。那一類停泊在近海的（高大深廣之船，一船可載運數萬貫文而去。）

宋代是中國歷史上鑄錢最積極的時代，特別是北宋，銅錢的年鑄造量高達 570 萬貫，平常年份一般都維持 100 萬貫至 300 萬貫之間。後來的明朝，近 300 年的鑄幣總量，竟然不及宋神宗元豐年間一年所鑄的貨幣量。可見宋朝市場規模之大。又，南宋時代，估計有一半的鑄幣量流往海外。（請看吳鈞的宋史著作）宋錢流向外國，不但被外國人當做珍貴貨幣使用，甚至被外國政府當做（準備金）儲存。不就跟今日的美元美金一樣嗎。

過去一年以來，人民幣兌換美元從 6.1 元左右，逐漸貶至 6.8 元左右。是人民幣印鈔過多，還是被人（評比）下去，還是自己要貶，以利商品外銷。一般民眾搞不清楚。

2017.6.22

142. 合約／絲路（十三）

　　吳鈞先生一再的說，於 1004 年，北宋真宗趙恒與遼國契丹皇帝耶律隆緒之間，在河南濮陽（澶淵）交戰地所簽下的和平協議《澶淵之盟》是一件了不起的和約，如果那時候就有諾貝爾獎，那麼簽約的倆位皇帝可以獲頒諾貝爾和平獎，因為那件大約，讓爭戰的雙方維持了一百餘年的和平。前此我們不太提澶淵之盟，認為那也是一件（喪權辱國）的和約，說宋與遼是（兄弟之國，地位平等），但宋朝須每年給遼國歲幣 10 萬兩，絹 20 萬匹。是戰爭賠款？是（買來）的和平？筆者贊同吳鈞的解說，認定澶淵之盟是一件難得的大約。

　　來到 1120 年，遼國勢微，而女真人阿骨打（金）正迅速崛起，北宋盼抓住機會，與金國連手打遼，雙方約定《海上之盟》，金助宋（回收）燕京等 17 州失土，宋則將每年繳給遼國的歲幣 20 萬兩、絹 20 萬匹改送金國。可是算盤打錯了！遼國沒過幾年，就被金國取代，而北宋也結束了，高宗趙構渡長江南下，於臨安（杭州）建立新的國都，史稱南宋。然而大宋領土雖大幅縮小，其經濟、文化卻不萎縮，有些成就甚至超越北宋。有國外歷史學者統計，古今中外，敵對的雙方國家及族群間曾簽下約八千件和約，不幸其存續間期平均只有二年而已，《海上之盟》即其一例。

2017.6.23

143. 南京條約／絲路（十四）

清道光 19 年，西元 1839 年，欽差大臣林則徐到廣州，收繳各國洋商所持 20,283 箱鴉片，於珠江口的虎門焚毀，連燒一個多月才燒完，林則徐每箱鴉片給五斤茶葉抵價，又令洋商具結，此後凡攜帶鴉片者，（船即沒收，人即正法），英國代表義律對（人即正法）的嚴苛刑法有意見，盼修改，林則徐不允。鴉片戰爭旋即爆發，英軍有戰艦 16 艘，陸戰隊 25,000 人。

1842 年六月,英艦溯長江而上,陷鎮江,抵江甯（南京）。中國三位全權代表親登英艦求和，很快的就簽下《南京條約》，中方開廣州、廈門、福州、寧波、上海五口通商，設領事館。永久割讓香港給英國。中方付 600 萬兩銀賠鴉片，300 萬兩付還拖欠的商業債務，1200 萬兩賠軍費。朝廷裡，從皇帝、皇族以至文武百官，皆悲忿不已，在野的讀書人也羞愧莫名，認是喪權辱國的不平等條約！

經過 155 年，1997 年 7 月 1 日，中國回收香港。新界是 99 年的租約到期回收，香港島與九龍算是英國領土，但鄧小平堅持要一併收回，英國首相柴契爾夫人心有不滿，害她在北京人民大會堂的高階走路不穩，幾乎摔倒。

　　1976 年文化大革命結束，鄧小平努力（改革開放），除建立（無中生有）但卻特別成功的如深圳特區之外，其他的沿海大城市如蘇州也有驚人的火速發展，中國人極力招商引資，廉租國土，（發展是硬道理），短短 30 年，中國已成世界第二大經濟體。重新檢視那件（喪權辱國）的南京條約，我們驚奇的發現，當年我們極力反對的（通商），正是中國人在 1990 年代以來突飛猛進的有利政策。香港從一個小漁村，英國人把它打造成一個現代的大都市，在他們使用一段時間後，完整奉還給中國，那不正就是我們現在所說的 BOT（建造、運用、移轉）。至於說到鴉片戰爭使中國人覺醒，開啟了中國現代化的過程，那可是可以寫成幾十部大書的大題目了。南京條約是一件特大（文物）。

2017.6.24

144. 宋代的故事（一）

　　北宋皇帝趙禎，在位 41 年（1023－1063），是一位資質平庸，但心性仁厚的皇帝，後人因他是一位仁聖君主，尊為（仁宗）。他勵行（二權分立），行政權委由宰相領導的政府，對政府的監察權則託付台諫（諫官及禦史），使二權適平。在趙禎當皇帝的時候，出了許多名臣，其中的一位是名震一千年的范仲淹，他說的（先天下之憂而憂，後天下之樂而樂），與《禮記》所言（天下為公，選賢與能）前後輝映。宋朝並不（積弱積貧）。經濟繁盛，政治清明，科技發達，還有大量的海外貿易，已開始工業化。人口集中城市，各種必要的公共設施，乃至為弱勢族群所設立的福利休系都已有了。讀吳鈞著述的宋史，才知道我們現代社會所擁有的許多（東西），早在北宋、南宋（960－1279）年間便已出現。不幸這種高度的文明，因北方遊牧民族契丹人、黨項人、蒙古人、女真人的強盛崛起，而被嚴重損傷，以致倒退，直到滿清末年，光緒皇帝在漢人老師翁同和和許多志士的引導下，努力維新，極力學習歐美及日本的前進制度，才逐漸復甦。

　　宋仁宗趙禎禁不起他寵愛的張貴妃的央求，答應提拔她的伯父張堯佐擔任宣徽使，那只是一個虛設的高級

官職，有名無實。但任官程序要依法辦理，這一個任命
案，在廷議（類如內閣首長們的合議）時未能通過。又
隔一段期間，她又來了，那一天，趙禎出門時，她黏著
他，請他務必就在今天，讓張堯佐當上宣徽使，皇上說：
"得，得。"果然一到辦公室便直接下了一道任命聖旨。
誰知，這一天半路咬出一個包拯來，死命反對！包大人
講了幾百個字，（音吐憤激，唾濺帝面）！可憐的趙禎，
回到內廷，才（舉袖拭面），把包拯的唾液擦拭乾淨。（仁
宗皇帝百事不會，卻會做官家）這是後人給趙禎的歷史
定位。

2017.7.21

145. 富裕的大宋（二）

輝煌的唐代，其政府總收入最高的一年，是唐玄宗李隆基在位時期的天寶八年（749 年），合計 5,230 萬（貫、石、匹、屯四種單位併記）。（積弱積貧）的宋代，宋英宗在位時的 1065 年，政府歲入 11600 萬比唐代多出一倍有餘。還有，唐朝歲收。絕大多數屬農業稅，實物徵收，現金收入不足 4%，反之，宋朝的現金收入是 6000 萬貫，占歲收一半以上。誰窮誰富？一目了然。

隋代的楊堅、楊廣（隋煬帝）與唐代的李淵、李世民（唐太宗）他們是親戚，都是鮮卑人吧，因為他們自己就屬北方民族，所以比較容易能與西北方的其他族群比如突厥人融合，而遊牧民族間的（邊界線）本來就不明顯，於是幅員廣大。當今版圖最大的俄羅斯，出產石油和天然氣，雖地大但不物博，經濟力量不強。

唐代中國人的陸上絲路，主要的只從長安到陽關及玉門關而已，一到那裡，貨物都要卸下，賣給粟特人（阿拉伯人中的一支），然後就回頭了。王維不是說過，（勸君更盡一杯酒，西出陽關無故人）嗎。李紳歎息，（四海無閒田，農夫猶餓死。）又憐憫農人，再歎，（鋤禾日當午，汗滴禾下土。誰知盤中餐，粒粒皆辛苦。）大唐是我們效仿的目標嗎？宋朝才對吧。

2017.7.22

146. 范氏義莊／宋（三）

　　宋代官員的俸祿之高，史上第一。一位知府（州）他的本薪（陽光工資），加上首長辦公費、以及餐飲、薪炭、車馬、保姆等各項補貼、還有（養廉費）等，估計一個月可領得 500 貫（兩）薪津，以當時的（購買力）換算，約當美金 40 萬元，與現今美國總統的年薪相去不遠。朱氏明朝如何？一位正四品的知府，月領大米 24 石，折現不到 10 貫錢，跟宋朝的差距之大，令人震驚！宋史大家吳鈞說，是否明前期的經濟出現嚴重的大衰退。見吳鈞著《宋：現代的拂曉時辰》第 374 頁。筆者忍不住插嘴，是蒙古孛兒只斤‧鐵木真一族兇殘摧毀了宋朝經濟和文明，統治者只顧維持他們的統治權，那管百姓生活。不是說貧窮的人，沒知識的人更容易管嗎。摧毀容易，復建難，明朝要花費很長的時間來恢復生機。

　　北宋仁宗趙禎當皇帝的時候（1049 年），時任杭州太守的范仲淹在原籍蘇州吳縣，以他一生的儲蓄，購入良田一千餘畝。不是說他是一位清官嗎？哪來那麼多錢？當時吳縣一畝良田要價多少兩？必不便宜，具體數字則要請教香港科技大學的劉光臨教授。當官待遇好不好，還得看你在那裡當官，杭州、蘇州都是富庶城市，杭州的商業化程度高過蘇州。

　　范氏義莊給 5 歲以上的范氏族人，每人每月白米 3 鬥，也供應冬衣布料、婚姻及喪葬補助費、族人外出參加考試或被派往遠地任官，則給旅費補助金。同宗同姓族人之外，如有鄉親、姻親、遠親陷於貧病，也酌量救助。這一個義莊……非政府組織的 NGO，竟持續運作了 900 年之久，直至民國時期為止。這個義莊（基金）顯然運作良好，且紀律嚴明。也因有（結社）自由，也得到官府的容許。

　　范氏義莊是同姓宗族間的結社。北宋大儒張載的大弟子呂大鈞則在關中平原的藍田縣設置了中國史上第一個完全自發、自治的村社共同社（呂氏鄉約）。鄉民（自願出入）、（公選領袖），有德高望重、正直公道的人出任（約長），日常事務則由委員輪值（直月）管理。原來宋朝也已有了民主自治。現代中國人不必學李世民、鐵木真等人的（威武），該多瞭解宋朝的文明。

2017.7.23

147. 岳陽樓記／宋（四）

　　北宋仁宗趙禎當皇帝時（1044 年），滕子京當涇州知州，他挪用公款 16 萬貫，用於宴樂，也犒賞部屬，饋贈他所認識的騷人墨客。那時候，一個普通的五口人家，一個月的生活費用僅需二、三百文，滕市長自然難逃禦史彈劾，宰相杜衍主張嚴辦，（同黨的）副宰相范仲淹努力營救，老滕逃過（杖八十）及至（徒2年）的刑罰，只是貶調遠一點，但仍是知州（地級市長），禦史中丞王拱辰不肯甘休，認為處罰太輕，於是再調遠一點，那知卻來到（湖廣熟，天下足）、（吞吐長江）位於洞庭湖畔，交通要衝的岳陽來了。那地方（遷客騷人，多會於此），好客的滕市長，常高朋滿座，聚談天下之事。

　　喜歡喝酒吹牛的滕市長（越明年，政通人和，百廢俱興。乃重修岳陽樓，增其舊制）。市長處處雕刻唐代詩人、以及現代人的詩賦於樓上樓下，踵事增華。今日的嶽陽樓則請來北京中央美院的高手群製作了金碧輝煌的壁畫。

　　范仲淹來到這裡（登斯樓也，則有心曠神怡，寵辱皆忘，把酒臨風，其喜洋洋者矣。）但他（居廟堂之高，則憂其民，處江湖之遠，則憂其君，是進亦憂，退亦憂。）范大人憂國憂民，晚上常睡不著覺。

2017.7.28

148. 商品糧／宋（五）

張詠在崇陽縣當縣長，有一天，他看到一個小民到菜市場買蘿蔔，他不爽，他把那個人叫來，你為什麼不自己種？城裡人無地種菜，不得已才花錢買菜，你什麼意思？於是把那個人打了幾個板子，害他哇哇大哭。這一個故事要說的是：農作物商品化。種米的就專心種米，除留少數自家吃的，其餘的就是（商品糧），賣到外地。有人專門種蘿蔔，有人一心飼養下蛋的母雞等等，各有專精，分工合作，（自然經濟）走向（商品經濟），張詠讀過的四書五經裡沒這一堂課。

南宋紹興二年（1132 年），蘇州太湖（忽大寒，湖水遂冰，米船不到山中，小民多餓死。）山中指的東山和西山，東山其實是個半島，不是四面環水的島，莫非 900 年前真的是個島嗎？因為（平江府洞庭東、西二山在太湖中，非舟楫不可到，……地方共幾百里，多種柑橘桑麻，糊口之物，盡仰商販。）嘿，嘿，寫《雞肋編》的莊綽先生，你有沒有（誇大其詞）？結冰幾天？小舟不走，弄個門板，簡單編個木筏不也能在冰上滑行了嗎？就算島上多種柑橘桑麻，難道就真的沒有了別的填肚子的食物！怎會（小民多餓死）呢？不過，餓死人的事是真實發生過的事，在 1959 年前後，在大陸就餓死過幾千萬人。蘇州有沒有？土地肥沃，水鄉澤國，隨便種都能長出（食物），水裡到處是魚蝦。但聽說，當時人民公社裡一群人聚在一起，或坐或躺，集體陷於某種不良的精神狀態中，只等有人打鐘，去爭吃有限的食物。如有人積極點，要工作，要製造食物，就會招來眾人狠狠瞪視。

前幾天，也就是（大暑）的那幾天，蘇州忽大暑，溫度飆升逾攝氏四十度，上海、杭州、南京也一樣。怎麼來的。

2017.7.29

149. 王安石變法／宋（六）

　　宋仁宗皇帝趙禎於（1043 年）啟用范仲淹為參知政事（副宰相），富弼、韓琦為樞密史，歐陽修等人當諫官，要打擊特權階層，那一群享厚祿，無所事事的（品官之家）。范仲淹等人訂立《磨勘法》等法，要改革官員（論資排輩）升遷的積習；官僚子弟可以不經科舉就當官的特權；科舉考試不要光作（作文比賽），應考行政實務和理論等；也要加緊查究逃漏稅。他們嚴重衝撞了既得利益者，反對的聲勢極大，范仲淹等人被譏辱為（朋黨），於是有如曇花一現，才一年又幾個月，（改革）中止。

　　隔了 13 年，新皇帝神宗趙頊上任，他更有決心，強力支持翰林學士王安石大幹一場！1069 年，王安石領呂惠卿、章惇、鄧綰等人出馬，制訂《保甲法》、《保馬法》、《將兵法》等用來強化軍事力量；又以（經濟手段）要來改革經濟事務。反對派力量以司馬光為首，蘇轍、蘇軾（蘇東坡）等著名文人也大聲反對改革。改革派是新黨，反改革的保守黨派是舊黨。他們勢均力敵，纏鬥不休，迄今 21 世紀，與他們類似的政經爭論仍在進行之中，在臺灣、大陸，乃至美國、西歐皆然。

　　《市易法》由政府在物價低落時，加價收購，於高漲時，減價出售，政府干預市場物價。《均輸法》由政府在物價便宜的地區購貨，運至高物價地區出售，類如設立國營貿易公司。《青苗法》有如政府設立農民小額借款辦法，但利息卻高達半年20%之多。以上三法，有政府（與民爭利）之嫌，如執行不當，害處不小。《免役法》指可以付錢給政府，替代義務勞役。《方田均稅法》清理地籍資料，揭露被隱瞞的，目的在於逃漏稅捐的正確耕地面積（注：在 1990 年代初期，蘇州郊區仍有未登錄在卷的所謂的黑田），另根據農地的肥瘠，核定地稅稅率，使稅負公平合理，此外，也試圖限制耕地兼併。關於防止土地兼併、甚至剝奪人民已有的土地的事，王安石與皇帝趙頊間的對話，還記載於樊樹志著《歷史長河　中國歷史十六講》第186頁。低價的公有土地與充沛的廉價優良勞力，是中國於 20 世紀末經濟起飛的兩大因素，惜已不復存在。

2017.8.1

150. 金帳王國／蒙古時代（一）

翻過幾次地圖，找不到（窩瓦河）在哪裡，直到一日，看到窩瓦河是（Volga），才知道就是伏爾加河，在俄羅斯西部，地屬歐洲，距莫斯科約 800 公里，在韃靼（Tartar）斯坦共和國境內，首府是喀山（Kazan）。成吉思汗的長子術赤，術赤的二子拔都（Batu），他們在伏爾加主流域建立了欽察汗國的總部。成吉思汗過世後，蒙古人與突厥人（還有其他不少民族）聯合組成的蒙古大帝國基本上分裂成四大塊，西北歐亞的欽察汗國、伊朗方面的旭烈兀汗國（伊兒汗國）、中亞的察合台汗國（窩闊台的領地是其中的一部份）以及佔據亞洲大陸的大元汗國（元、蒙元）。

1206 年鐵木真建國，1236 年拔都西征，襲捲了位於窩瓦、保加爾（Bulgar）與現在的巴什科爾托地方的大匈奴王國，翌年進襲俄羅斯，幾使俄羅斯成為廢墟，但拔都率領的這一支遠征軍未在俄國久駐。最盛時期的欽察汗國轄有額爾齊斯河流域、經哈薩克草原覆蓋黑海北岸的肥沃原野、最遠曾抵達多瑙河的廣闊西北亞大草原全境。拔都元帥的帳篷飾有黃金，故稱金帳王國，俄語叫（黃金斡耳朵）。拔都元帥還席捲了波蘭、匈牙利，但他們基本上仍是遊牧民族性格，（搶劫燒殺）後就跑，有的城市，在幾年間竟被反覆（光顧）多次！直至有一天 1276 年，忽必烈滅了南宋，奪取了其時全球最富裕最大的杭州，他們才逐漸文明起來。

孛兒只斤·鐵木真是開國大皇帝，蒙古人所說的成吉思汗（大可汗）。他有四個兒子，老大術赤不是他親生的，出生入死，四處殺伐，結果他跑最遠，跑到多瑙河那兒去了。術赤跑遠了，就顯露自立的傾向，成吉思汗喚他不回來，老爸認為他是叛離了，但無力追他回來（受死），術赤和他自己的兒子建立了欽察汗國。

2017.10.22

151. 兄弟兒子們／蒙古時代（二）

　　老二察合台，他這一房建立了察合台汗國，佔據中亞地區。老三窩闊台在家當第二代大可汗，他的兒子貴由是第三代大可汗，這一房子孫沒建立自己的汗國，他們的領地在察合台汗國之內，在中亞的北部地方。老四拖雷是么兒，依例留守家園，與老爸鐵木真一起行動，不光衝鋒陷陣，也當總司令部的 CEO，所以學得的東西最多，也最行！拖雷的長子蒙哥成第四代大可汗，次子忽必烈成第五代大可汗，他建立了大元汗國（元、蒙元），此後皇位就是世襲的了，不再（推舉）了！一共傳了十六代，其第十四代大可汗就是順帝妥歡貼睦爾，於 1368 年逃離大都北京，大元汗國被朱元璋滅了。有人說，朱元璋這個漢人建立了（大明汗國），這是一件可以深論的有趣問題。

　　拖雷的三子旭烈兀也很有本領，長兄蒙哥（第四代大可汗）驟然死亡，他本想帶一支親信部隊趕回總部競選（第五代大可汗）寶座，但忽必烈不等他回到家裡，已自己搶先宣佈當選！於是旭烈兀回頭，返回他的駐地，建立了旭烈兀汗國（也稱伊兒汗國），這一個據有伊朗（波斯）乃至阿拉伯世界的大汗國，其重要性也不比大元汗國小多少。二個汗國他們共同改寫了世界史，永垂不朽。

　　成吉思汗有三個兄弟，合薩兒、合赤溫、斡赤斤，他們三人都跑至中國的東北去了，合稱東方三王族，那地方苦寒，他們也沒什麼本事，默默無聞。但在三百年後，女真族（其實混雜著契丹族、蒙古族、漢人及其他民族）的愛新覺羅·努爾哈赤異軍突起，其兒孫建立了大清帝國，他們瞧不起漢人的明朝，他們自己說，他們是接續了蒙古大帝國。女真人的清代王室，其實比蒙古人更歧視漢人，打壓更盛。

2017.10.23

152. 杭州陷落／蒙古時代（三）

　　1276 年正月，蒙古聯軍兵臨城下，南宋首都杭州（臨安）即將失陷，謝太皇太后上表乞降，竟然同時把傳國玉璽也一併繳交出去了。元軍司令伯顏（Bayan）下令南宋派宰相來，安排（接收）事宜，右丞相陳宜中不敢去，半夜逃跑了。老夫人改派文天祥去，他去了，但被扣住，隔了幾個月，文天祥由元營逃歸。那時候南宋仍有多達 40 萬的軍隊，除杭州城裡城外，還分散在江西、福建、廣東、廣西甚至越南各地，文天祥輾轉各地，直至 1282 年，時任（信國公）的文天祥才被捉被殺。蒙古軍隊排隊入城，沒有搶劫強姦，殺人放火，和平接管杭州，偶有局部騷動，可說是南宋下級軍官間的內鬨所致。

　　當時的杭州，估計人口約有 100 萬之眾。數千人的官員，正式官員的底下，有胥吏，還有各種輔助人員，他們的人數比正規官員多幾倍，有作為接班隊伍的數千個太學生。此外，有三、四十萬各管軍隊。加上他們的眷屬，還有農民、漁民，龐大的各色商人群體，估計有 100 萬人，應不離譜。歷代中華朝廷，都採中央集權制，聚集大量人口於首都。此際的北京，實際居住人口有三千萬人吧？

　　須重新評估忽必烈（大帝）和大將伯顏等人，他們
不是土匪、蠻族，他們有能力，有度量，有遠見，杭州
在他們治理下持續繁榮，不止波斯人，還有阿拉伯人以
及遠自意大利來的有學識有才華的傳教士也都來了，他
們不會空手而來，帶來新生事務，新文化，讓杭州成為
世界性的大都會。

2017.10.24

153. 攻打日本／蒙古時代（四）

　　蒙古人打入杭州時，沒燒房子，也沒怎麼殺人，但約 100 年後，1368 年朱元璋的軍隊進入北京時，卻使（大都）成為一片灰燼，人民死亡或逃離大半，北京遭遇淒慘。

　　1281 年，大元大舉進攻日本，範文虎領 10 萬之眾進泊平壺島（今長崎北方的平戶），忽遇颱風，戰艦多沉沒，範文虎隻身逃逸，棄士卒於不顧。海難死亡七、八萬人，被俘二、三萬人，被俘的士兵，日本人把其中的蒙古人、高麗人、漢人（淮河以北，原屬金國的屬民）都殺了，但未殺唐人（淮河以南，原屬南宋的屬民），留下來當奴隸。據日本人說，這 10 萬名軍人是原來的南宋部隊，多餘的剩餘部隊，不好處置，乾脆送出海外丟棄。大元的軍官乘坐的軍艦，沒被海浪打壞，原船回國，乘小船的士兵有去無回。

　　平津戰役留下的傅作義舊部不少，在（抗美援朝）戰爭中正好被派上用場，充當先驅部隊。在戰爭結束時蔣介石領回其中的 14,000 名（反共義士），他們很多人身上都有（殺豬拔毛）刺青，老蔣當時真的想要反攻大陸，而那批（死士）可充任打頭陣的危險任務。

　　1681 年，大清永曆 35 年，康熙大帝派福建水師提督施琅攻打臺灣，1683 年 8 月 18 日施琅收降鄭家軍剩餘部隊。不能讓鄭家軍隊繼續留在臺灣，否則臺灣無法治理，也不能殺了，於是帶回其中的 6000 名精悍士兵到大陸，他們基本上算是（陸戰隊），陸戰、水戰都行。康熙把他們丟得遠遠的，送到了東北黑龍江以及烏蘇里江一帶，讓他們自生自滅，不料，正巧俄國的哥薩克騎兵來襲，由何祐率領的臺灣兵，於 1685 年 6 月 15 日大顯身手，把不會在河灘打仗的俄國騎兵隊打潰。

2017.10.26

154. 成吉思汗的兵馬／蒙古時代（五）

　　成吉思汗已統一了蒙古高原上的各個大小部落，隨同作戰的身邊悍將、兄弟、兒子們也都身經百戰，此時兵強馬壯、鬥志高昂，他們要開疆闢土，對外作戰。成吉思汗分配牧民騎士給他們，弟弟合撒兒一千名、合赤溫三千名，斡赤斤八千名、長子術赤、次子察合台、三子窩闊台各四千名，成吉思汗及身在中央總部（哈拉和林）的么兒拖雷自留十萬五千名，此際蒙古兵力總計十二萬九千名。（注：以上的數字出自拉施特·哀丁的波斯文《史集》，一本與司馬遷的《史記》同等重要的大史書）

　　為什麼幼弟斡赤斤分得八千名之多？原來成吉思汗把早年出生入死的夥伴如木華黎（Muqali）、以及成吉思汗的妻家、駙馬家的各個勢力都併在一起之故，名義上都掛在斡赤斤名下，實際則由木華黎總管。這一支兵馬據有蒙古高原的東南以迄華北正北區域，舉足輕重，在他們的勢力範圍之內，還包括契丹軍團等，這支大軍團有時也叫（五投下）軍團。拖雷的兒子忽必烈最後能跨過中國長江，佔領並統治南宋 100 年，（五投下）軍團的協助是重大因素。

　　成吉思汗以 129,000 名兵馬四出打天下。忽必烈於 1260 年開始南下，於 1271 年滅了南宋，成立大元汗國（蒙元），當時南宋有多少人？估計是 2800 萬人，其中 100 萬人住在（首都圈）。南宋經濟實力雄厚，也有大部隊以及精良武器，怎會被滅？宋史大家吳鈞先生好像說過，是歷史的（偶然）？

　　中共舉行第 19 屆黨員代表大會（2017 年 10 月 18 日至 24 日北京），決定中央政治局 25 人、常務局 7 人的基本人事佈置案。我在心中拿愛新覺羅·努爾哈赤的（八旗制）、皇太極的（軍機處），現在又拿孛兒只斤·鐵木真的（軍力分配）案來作比較。

2017.10.31

155. 南下／蒙古時代（六）

　　鐵木真於 1206 年稱帝，在哪裡？現今蒙古國東北角顎嫩河（Oneo）上游處一個小地方，夾在烏蘭巴托與滿洲里之間，其北方不遠處就是 Chita（赤塔），再右移一些，有一個小城鎮叫涅爾琴斯克，那就是尼布楚。你記得清廷與外國人所簽署的第一份《尼布楚條約》嗎。

　　那地方荒涼，不適人類居住，只能容納少數獵戶及漁民生活，鐵木真率領一支小部隊，一心向南方求發展。經過五十多年的拼鬥，到了第五代可汗忽必烈於 1206 年登基的時候，他們的勢力已抵達現今的內蒙古與河北。忽必烈建設了二個首都，夏季首都叫上都（金蓮川、開平），冬季首都是大都，也就是金朝的中都，現今的北京。忽必烈在那直徑約 350 公里長的橢圓形開發圈內設置了許多的軍需品工廠、倉庫，軍馬牧養場以及軍事演訓基地和設施。1260 年忽必烈在那裡搞大建設；1689 年康熙與沙皇在尼布楚簽約；2017 年 8 月 1 日建軍節習近平在朱日和校閱軍威壯盛的大部隊。上都、尼布楚、朱日和三地相距不遠，如以高鐵、高速公路相連結，幾個鐘頭就到了。

　　鐵木真親自帶兵西征，後來他的長子術赤、術赤的兒子拔都、忽必烈的弟弟旭烈兀等人都大舉東西向西

征，他們可以一路的騎馬馳騁，途中有草地，可供戰馬
及隨行的羊群休息，可說並無自然環境上的障礙。蒙古
人極想奪取南宋，但南人富裕，有科技，有文化，更有
堅固的城廓，以及淮水、長江等天塹防衛。直到忽必烈
這一位大人物登基，而且他一幹就幹了三十年，因經常
騎馬打仗，別人一到五十歲的時候就不行了的時代，他
生氣勃勃的活到八十多歲，終於做成了偉大的事業！
（漢人）與（南人）不喜歡他，所以不正面敘述他的事
蹟，假裝不太認識這一位巨人！誰叫蒙古人把屬民分成
（蒙古人、色目人、漢人、南人）四等，不過也有人替
他說話，說他們並未真正歧視北方的漢人和南方的漢人
（即南宋境內的南人）。

2017.11.3

註記：1689 年 9 月 27 日清康熙 28 年 7 月 24 日，在尼布楚以帳幕
　　　搭建的大會議場內，清廷代表內大臣索額圖與俄國沙皇代表戈
　　　洛文（Theodore A. Golovin）簽署了一份基本上是劃分國界的
　　　《尼布楚條約》。以拉丁文書寫，正本二份，雙方都簽名，各
　　　執一份為憑。另外，俄國人自行翻譯一份俄文本，滿族皇家代
　　　表也作了一份滿文本，各簽各的，雙方不在對方的譯本上頭簽
　　　字。國界與今日的差不多，以烏蘇里江、黑龍江、額爾古納河
　　　分界，迄今歷時三百多年，看不出有明顯的出入，唯外蒙古已
　　　成蒙古國。

156. 巨人忽必烈／蒙古時代（七）

　　鐵木真於 1219 年至 1225 年間，帶兵第一次西征，這支（蠻軍）沿途殺戮，中國史書上記載（蒙古軍團陷花剌子模，屠城，夷為廢墟。再陷玉龍傑赤城，屠城，復引阿姆河水灌之，頓成廢墟。）伊斯蘭史書上說，赫拉特（Herat，現阿富汗西北部歷史名城）有 160 萬人被蒙古人殺害，另外有一本古書上說，被殺的人數達 240 萬人之鉅！可是，據近年來的調查，當年赫拉特人口最多只有十萬人！受害者固然誇大其詞，加害者也樂得渲染其事，使人心生畏懼，如看到蒙古兵來襲，請快快自行走避，最好不戰而降。除了頑抗的軍人，其餘的百姓，特別是一些有（手藝）的人，乃至小孩、婦女都是寶貴的（人力資源），為什麼要殺光！

　　1271 年 6 月，蒙古兵團已籠城（封鎖）襄陽五、六年，南宋實際掌權者賈似道終於派出范文虎，由他率領水陸精銳十萬大軍，要與守城的呂文德、呂文煥兄弟裡外聯手，逼退蒙古兵團。蒙古哪來的十萬人？他們是雜牌部隊，漢人、契丹人、維吾爾人、女真人乃至高麗人，還有，那時候他們也已統治雲貴高原，自然也包括了一些山地部隊。十萬人中（純種）蒙古兵只有二千人的馬隊，由阿術帶領，他們只是督軍部隊。

在襄陽、鄂州的攻城戰中，他們還配備著巨大的名為（曼紮尼克），或者叫做（回回炮）的厲害拋石機，那種新進武器，是從旭烈兀轄下的波斯地區所派遣來的機械工程師們就地建造的，另有一些加程型改良弩炮，射程可達四公里，蒙古兵團擁有當時獨步全球的厲害武器。

替忽必烈設計首都圈，號稱（黑衣宰相），中文姓名叫劉秉忠的人是一位謎樣人物，我們不知道他（老家）何處，但一定不會是從蒙古高原來的（土包子）。忽必烈的決策圈內人物除了漢族的劉秉忠、姚樞、女真族的趙炳、趙良弼、畏兀兒人（維吾爾）廉希憲、燕真、負責財經事務的阿拉伯人阿合馬（Ahmad Fanakati）與牙剌瓦赤（Yalawach），還有資政級或曰老師級的王鶚、王磐、安藏（畏兀兒人）、海雲（女真族佛僧）。還有，制定蒙古新字的國師八思巴（Phags Pa）、大政治家耶律楚材乃至長春道人丘處機、意大利著名人物馬可波羅不也都貢獻過一些珍貴意見給忽必烈嗎。蒙古人不會像毛澤東所說的只會騎馬、射箭。

2017.11.9

157. 成吉思汗的生與死／
蒙古時代（八）

　　孛兒只斤（族名、姓）‧鐵木真推測生於 1162 年，他父親也速該是一個小部落的族長，母親叫訶額侖，他有 3 個同母弟弟，2 個異母弟弟和一個妹妹。他父親死後，除了他家一家 8 口人，其餘的親族都投奔別的部落去了，鐵木真當老大，備嘗艱辛，而他倆個長得更強壯的異母弟弟別克帖兒及別裡古台偏不聽指揮，反而作對，於是鐵木真下決定殺死弟弟別克帖兒。那一年鐵木真 14 歲，夥同同母的大弟弟合撒兒，找到一個別克帖兒落單的機會，一起射死了他，合撒兒箭射前胸，鐵木真則從背後插射別克帖兒的脊樑。當別克帖兒看到鐵木真帶著一臉殺氣沖來，已知難逃，乾脆坐在地上等死，他前胸、後背都是箭矢，死得有如一隻刺蝟。

　　鐵木真一生殺伐，早期以搶劫財貨、畜生、男女為主，不在一地久留，有幾個城鎮還被他反複洗劫過幾次，直到後來，才逐漸佔地稱王。1227 年，推測他已 66 歲，依當時的標準，他已是個足夠的老人，他還親自帶兵進攻西夏，就在西夏國都興慶（今銀川附近）城破三天前辭世。

　　成吉思汗的死因是一團迷霧？中文的史書上必不會說明白，但人家蒙古文寫下的《蒙古源流》、《蒙古黃金史》乃至以波斯文記載的史書，都說他是被剛擄獲的（蜥蜴公主）割斷或割傷陽具致死的！蜥蜴公主是一位有名的美女，西夏王的王妃，以蒙古文說，她叫古爾伯勒津郭斡哈。她不肯，他硬要，性情剛烈的美女以死相拼！漢人尊稱鐵木真為元太祖，他與他的子孫們開拓人類史上最大版圖，是一位偉大的帝王，怎能說出他的這種醜聞，但蒙古人自己並不避諱其事，還有人認為他死得其所呢。

2017.11.23

158. 白銀／蒙古時代（九）

　　子弟及部眾們四出征戰，捷報頻傳，地盤日大，財富也愈多，也都各自成為雄霸一方的（大王）了，成吉思汗如何能讓他們每年按時回家，繼續效忠，聽他的命令行事，換言之，如何維持他的中央集權制度？不論是誰擄獲的東西和人畜都必須繳回總部，然後由（大王）分配，如有全部或部份藏私，則嚴屬懲處，他以財富掌控他所創立的王國。

　　據《元史》（食貨志）所載，成吉思汗的血親及功臣，如四位嫡子術赤、察合台、窩闊台、托雷以及托雷的兒子，也就是成吉思汗的孫子蒙哥、忽必烈、旭烈兀、阿里不哥等人，也包括前文提到的異母弟別里古台、蒙古高原一起隨同打天下的功臣如木華黎及其子孫等，於每年正月於大都舉行的朝賀集合時，都能得到大汗的（定例賞賜），最多的人可分得白銀100錠，一錠至少2公斤。總額是一年五千錠，也就是 10 噸。在十五世紀葡萄牙人哥倫布、達伽馬、麥哲倫等人發現新大陸和新航路之前，白銀是稀有之物，10噸白銀是一大筆鉅款。

　　阿里巴巴和四十大盜們，把掠奪而來的財寶都窩藏在一座堅固的大石庫裡，不知善用。這些已成巨富的蒙古王公們則把白銀借給粟特商人（伊斯蘭的阿拉伯貿易商人、幹魯脫克），讓他們做陸上的以及海上的有高風險，但能獲利倍蓰（五倍）的遠程貿易。蒙古人以軍事行動擴展他們的勢力範圍，區域內廣鋪公路，建立驛站，驛站也是兵站，在 1235 年成吉思汗從哈剌和林至各處邊境一共設置了 351 個驛站。這些交通（及資訊）網絡，使大可汗能掌握全域。現時的中國人做（一帶一路），說要振興偉大的中國夢，是要學成吉思汗嗎。

2017.11.24

159. 青花瓷／蒙古時代（十）

　　蒐藏青花瓷器最多的地方並不是臺北的故宮博物院，臺北收有異常精緻的素色宋瓷，但如想看到令人歎為觀止，成排如林，奪人心魄的青花大瓶大盤，那要到土耳其的伊斯坦堡，托卡比（Topkapi）皇家博物館。那一大堆在中國景德鎮燒制的瓷器是蒙古時代留傳後世的最耀眼的文化遺產。蒙古人還有突厥人、波斯人、阿拉伯人攜手，把採自伊朗的鈷藍，運到生產高嶺土，也有高超燒窯技藝的中國，製造了一大批，專屬於帝王之家，象徵權力與財富的寶物。那成堆的瓷器是奧斯曼王朝 600 年間累積下來的珍藏。

　　因蒙古聯軍（突厥蒙古系遊牧民族）的四處征戰，打通了大半個歐亞大陸，大區域內的各種商品如絲綢、香料、茶葉以及各色寶石以及文化產品的陶瓷器、樂器、華麗衣飾等物品也相互流傳開來。素雅的宋瓷，變大了，變得有顏色了，白瓷上繪畫了花草、雲霞、水波的圖樣，連形體、身態也多樣化了。日本人把青花稱為（染付），素色的宋瓷受到了波斯地區的傳統彩繪陶藝品的影響。

　　大畫家畢加索有過一段（藍色時期），有人特喜歡那一階段的繪畫，把那一類顯現陰鬱情調的作品，當做是藝術上的極致發揮。青花英語稱作 Blue and White，Blue 有（憂傷的）、（悶悶不樂的）、（保守的）等含意，在抗戰時期，陰丹士林藍布旗袍與（清湯掛麵）髮型與文化女青年常被連想在一起。一直到上一個世紀的八〇年代，大陸上仍到處可見藍色外衣。在繪畫市場上，藍色作品賣不出好價錢，一般的有錢人不喜歡那種色調，冷酷的帝王們另當別論。

2011.11.25

160. 朱棣和鄭和／蒙古時代（十一）

　　大明第三任皇帝朱棣是朱元璋的胞弟，受封為燕王，轄有北京一帶遼闊的大區塊，那裡是科爾沁蒙古人、女真人、漢人，也包括契丹人、鮮卑人、高麗人等諸多民族混雜居住的地方。1398 明洪武 31 年，朱元璋卒，孫朱允炆（惠帝）繼位，新皇帝聽多了身邊大臣們的慫恿，開始削藩，於是朱梗、朱柏、朱榑、朱桂等相繼落難，據有北京的燕王則先下手為強，起兵反抗，說是要（請君側），是為（靖難之役）。1400 年，朱棣在山東聊城吃了一個大敗仗，差一點被殺，朱允炆下詔（勿使朕有殺叔父之名），倖脫逃！第三年朱棣入南京，稱帝，是為明成祖。可憐的朱允炆，在他叔父帶兵入城之際，縱火焚燒宮室，不知所終。朱棣與乃兄朱元璋一樣嗜殺，稱帝后誅殺政敵五十余族，極為殘酷。

　　朱棣帶兵南下，才三年多的時間，便成功取代了朱允炆，自立為帝。遷都北京，改年號為永樂元年（1402），他是中國歷代（大帝王）當中的一位。他軍事上的成功，得到科爾沁蒙古人以及其他世居華北一帶各遊牧民族之助，在國外，甚至還有人稱他是（大明可汗）。

　　1405 明永樂 3 年，鄭和率軍二萬七千八百人，舟 62 艘，自福建閩江口五虎門揚帆，出使西洋各國。鄭和是阿拉伯人，於 1371 年在雲南昆明出生，他的父親，祖父都到過麥加朝聖。明成祖請這位偉大的航海家下西洋，訪問印度洋、阿拉伯、東非多個國家。他在 62 歲時死在回程的船上，祭祀他的（三寶公廟），遍及東南亞各國。這支空前的海上旅程，是延續蒙古時代留下的大建設之一。

　　比之蒙元青花瓷，明朝永樂年間的豪華瓷器更勝一籌，更光彩奪人。今年暑假，臺北故宮南院有過一場日本國寶級的瓷器大展，展品也出乎意料的生動美麗。全球性的文化交流日益興盛。關於鄭和，請看樊樹志著《歷史長河 中國歷史十六講》。

2017.11.29

161. 蒙古人與女眞人／
蒙古時代（十二）

　　前文提過合撒兒幫助鐵木真一起射殺了他們的異母兄弟別克帖兒。鐵木真後來把他的兄弟合撒兒、合赤溫、斡赤斤分封到東北地區，號稱東方三王族。朱元璋建國後，在東北設泰甯衛、福余衛、朵顏衛安置那三位蒙古王族。經過400年之久，女真人愛新覺羅·努爾哈赤在東北遼瀋一帶崛起，女真人與蒙古科爾沁一脈血乳交融，難以區分，不僅有血親關係，皇太極還與他締結攻守同盟。終有清一代，女真人皇族與蒙古王公們通婚的有二百多對。

　　1860年清咸豐10年，二月，太平天國忠王李秀成陷杭州，三月，李秀成猛攻天京（南京）外圍的江南大營，江南大營再潰，欽差大臣和春逃到常州，嘔血而死，提督張國梁掉到水裡淹死，清廷極度傷痛，因為以女真人（滿族）為主幹的自家軍隊已傷亡殆盡！四月，行動神速，攻掠如火的李秀成打下蘇州，建忠王府於現今拙政園內。

　　欽差大臣，蒙古科爾沁親王僧格林沁（Sengge Rinchen）是愛新覺羅皇家僅剩的一支自家部隊，皇室不讓他離京城太遠，不要他南下打太平天國，也要他盡可能保存，最好還擴充他的實力。1860 年第二次鴉片戰爭爆發，英法聯軍至天津，陷大沽炮臺，僧格林沁擋不住，咸豐帝奔避熱河。僧格林沁奉命誘捕了英軍司令巴夏禮，這下可真是釀成滔天大禍！火燒圓明園，繼天津條約，再簽北京條約。

1862 年 6 月清室任命僧格林沁親王統轄山東、河南兩省軍務，專擊撚軍。他很勇猛，也很勤勞，可是撚軍四方流擊，如勁風疾雨，僧格林沁狼狽疲憊，打不贏。1865 年在山東菏澤中伏、大敗！突圍不成，被亂刀殺死！有人說是被素來痛恨他的（寡恩）的部下所殺，也有人說，是被流浪的農民所殺。接下來，西太后請袁世凱小站練兵，1912 年 12 月 26 日袁世凱請清帝退位。蒙古人、女真人俱往矣。

2017.1130

三幾句話（跋）

2003 年滿 65 歲退休，第一天我就動手開始工作，為實現幼時的夢想，要成一位文學家。寫什麼，怎麼寫？我翻閱了幾本文學理論和寫作技巧的書。仔細看了《聊齋志異》的幾種版本。我想記錄臺灣、大陸以及相互間這 30 年來的巨變，但這種大工程，非我個人單槍匹馬可以完成。我嘗試寫出幾篇短文，看看能不能打動人心，也讓人回想起那一段歲月裡的某些事情。16 年來我寫下近 1500 篇短文。我是個老人，不願投稿，不參加徵文競賽，不參加相關的作家聚會。20 年來辛勤工作如一位職業作家，但未獲一文錢稿酬。

有幾十位朋友看過我寫的部分短文，也有人讀了又讀，喜歡其中的幾篇。我大學讀法律系，也做過幾年法務工作，也有朋友當大官、當立法委員，我很關心政治事務，特別是兩岸問題。我一生是一個商人，中小企業的業主。我寫的短文裡，有不少政治類的文章，但這些文章和評論，讓我的大陸朋友覺得我像個（台獨），反之，臺灣朋友覺得我像個（統派）。可是也有人喜歡那類文章，不分藍、綠、紅皆然。如我寫的那一系列臺灣 2014 年 3 月 16 日，316 太陽花學運的短文，我自己重讀，戰鼓頻催，腳步嗵嗵，吶喊如雷鳴，如親臨現場，而我就像是現場中的一人，但這類文章，多等幾年，或者十年八月，甚或更久，再來公開發行。

　　找不到我中意的大出版社，以繁體字和簡體字分別在臺灣及大陸印行，且先印刷幾百本，以書本的形式來保存文稿，我盼望這些短文能長久留存。謝謝我同事陳麗娜幫我做了許多事。

施正義 2019.9.24